mandelbaum *verlag*

Jüdisches Wien

mandelbaum *verlag*

Die vorliegende Ausgabe, herausgegeben von Kevin Mitrega, basiert auf dem Buch *Jüdisches Wien* (2016) aus der Reihe *Stadtreisen zum jüdischen Europa* im Mandelbaum Verlag. Für die Neuausgabe hat der Herausgeber sämtliche Texte redigiert sowie Ergänzungen vorgenommen.

Gedruckt mit Unterstützung der Stadt Wien Kultur

Stadt
Wien

mandelbaum.at • mandelbaum.de

ISBN 978-3-85476-883-8

Überarbeitete Neuausgabe 2021

Lektorat: ERHARD WALDNER, KEVIN MITREGA
Satz: KEVIN MITREGA
Umschlagkonzept: JULIA KALDORI
Druck: MOŚ I ŁUCZAK, Poznań

Inhalt

Mein Wien

Robert Schindel

I

Mein Wien ist ein nachblutender Witz. Es gibt keine witzigere Stadt als Wien, nicht einmal Tel Aviv. Der Witz dieser Stadt steigt die Wendeltreppe herauf, die im Inneren des Wienkörpers bis in nebelige Vorzeit hinunterführt, gedreht um eine nicht vorhandene Wirbelsäule, um durch die Goschen in Form eines melodiösen Rülpsers ins Tageslicht zu fahren, aber sofort wiederum im Gehorch der Wiener zu verschwinden. So stapelt und akkumuliert sich Monstrosität in winzigen Witzteilchen und fleischt sich den Einwohnern ein für alle Mal ein.

Seit meinem vierten Lebensmonat lebe ich in dieser Stadt an der Donau und an der Wien und habe das Lachen von der Pike auf gelernt.

Das erste Gelächter, das mir entgegenschoss, beinhaltete die Geschichte vom Judenbalg, den findige Kinderschwestern inmitten der nationalsozialistischen Volkswohlfahrt vor den Zugriffen der Gestapo versteckten. Da lag der schwarzhaarige, nicht gerade unbenaste Säugling inmitten der blonden Engerln in der Kinderkrippe und war halt der Franzos, dessen Zwangsarbeitereltern bei einem Bombenangriff ums Leben gekommen sind, indes seine wahren Juden- und Kommunisteneltern nach Auschwitz abgereist wurden. Da lag er neben den Wiener Putzerln und fürchtete sich wie sie vor den Eisenstücken, die häufig vom Himmel fielen. Und wo lag er? Nicht irgendwo in Wien, in einer der Kinderkrippen der NSV wurde er nächtlings wie die andern in den Luftschutzkeller getragen, sondern in der Leopoldstadt, im Herzen der Judenstadt vor dem Krieg, im Zentrum der Mazzesinsel, die die Wiener nunmehr Glasscherbeninsel tauften, schrie der Säugling, von Hitler unbemerkt, sich der Befreiung entgegen.

Die Leopoldstadt war schon in Vorzeiten ein Ansiedlungsgebiet der Juden gewesen. Damals hieß die Vorstadt »Im Werd«. Doch der urgemütliche Kaiser Leopold der Erste schmiss sechzehnhundertsiebzig sämtliche Juden aus der Stadt, und nannte die Gegend hierauf sich zu Ehren Leopoldstadt, um ein Beispiel für den nachblutenden Witz zu geben. Pünktlich dort haben sich die Juden wieder hinbegeben, als sie das stupend wieder durften, bis sie siebzig Prozent im Bezirk waren, aber neunzehnvierundvierzig/fünfundvierzig waren bloß ich und zwei Dutzend weitere Versteckte dort nicht aufgefunden worden. Bis heute wohne ich in der Leopoldstadt.

Neunundvierzigmal hat man den Gast bei der Tür aus dem Wirtshaus herausgeworfen. Nach dem fünfzigsten Mal aber ist er übers Dach zurückgekommen. So liest es sich beim Schwejk von Jaroslav Hašek. Das zweite Gelächter beinhaltet die Liebe zu dieser Stadt. Aus dem Erdreich oder aus den Wolken kehrten Geister in Gestalt ihrer fleischlichen Nachkommen nach Wien zurück.

Unlängst lud der damalige Kunstminister Rudolf Scholten den in Wien auf Kurzbesuch weilenden Filmemacher Billy Wilder in seine Wohnung ein, und dazu ein paar Leute, die hierauf andächtig den Anekdoten der fast neunzigjährigen Witzkugel lauschen durften. Ich sah, dass Wilder so was nicht zum ersten Mal machte oder machen musste, denn eine Art Sekretär warf ihm unermüdlich Hölzchen zu, damit der Anekdoten kein Ende sei. Das müdete den alten Herrn beträchtlich, daweil wir uns in Kompanie die Bäuche hielten und Seitenstechen bekamen. Er hetzte uns wahrlich das Jahrhundert rauf und runter, und Scholtens Wohnung bebte unter dem Gepruste und Gekuddere, in dessen Zentrum, gleichsam im Auge der Lachstürme, eine nicht geringe Traurigkeit durchaus zu spüren war. Doch der Sekretär war gnadenlos, und bei dem langen Leben des Urwieners Wilder würden wir vermutlich noch heute sitzen und lachen, wenn nicht der alte Sir sich plötzlich zu mir gewandt hätte, um mich zu fragen, was denn mit der Admira los sei. Ich war ja zufällig neben ihm zu sitzen gekommen und hatte bemerkt, dass er mich zwischen den Anekdoten immer wieder etwas beäugte. Das ist ein intellektueller Wiener Jude, dachte sich Wilder, der muss doch was von Fußball verstehen. Und Billy Wilder pflegte sich nicht zu irren, wenn es um solche Dinge ging. »Ach Gott, die Admira«, antwortete ich. »Nebbochanten. Ich bin Austria-Anhänger.« – »Alle Juden waren Austria-Anhänger«, sagte er. »Nur ich nicht.« – »Sondern?« – »Na eben Admira.« – »Was Admira«, staunte ich ihn an, »wie sind Sie denn auf die Idee gekommen?« Auf Ja und Nein befanden wir zwei uns in einer intensiven Fußballdiskussion. Schall und Vogel nahmen an unserem Tisch Platz, daweil die Übrigen sich von den Lachschmerzen zu erholen begannen und sich in kleine Redegrüppchen aufteilten. Wilder sprach mit einer Wärme von den Fußballern, er entsann sich genau, und ich packte mein bisschen Wissen über jene Jahre aus dem Fundus und warf ihm Fußballernamen zu wie vorher der Sekretär seine Witzhölzel. Schließlich erzählte er mir exklusiv jene Geschichte, die ich schon kannte, weil sie der Torberg schon berichtet hatte, aber ich ließ mir nichts anmerken:

Vor dem Krieg gabs doch die jüdische Fußballmannschaft, die Hakoah. Die spielten ziemlich gut, überhaupt für jüdische Verhältnisse. Es begab sich, dass die Saujuden zum Zünglein an der Waage wurden. Wenn sie gegen Admira gewinnen, wird Rapid Meister. Rapid, das war und ist der anhängerstärkste Klub der Stadt, und diese Anhänger konnten nun die Juden noch weniger leiden als an sich üblich – damals. Nun aber pilgern die Rapid-Anhänger ins feindliche Jedlersee – noch dazu über die Donau –, um gegen die dort ansässige Admira zu schreien, also zur Hakoah zu halten. In welchen Wörtern entstieg dieser Witz der Wendeltreppe der Geschichte und entfuhr den Goschen der Rapid-Anhänger? »Gemma, Gemma. Hoppauf – Herr Jud!« Die Juden dankten es ihnen, schlugen die Admira, Rapid wurde Meister, und Wilder weinte. Dann ging er vor der Zeit nach Berlin und rechtzeitig nach Hollywood.

Aber die seltsame Liebe der Herausgeschmissenen zu den Hinausschmeißern, wurzelt sie in dieser Heimeligkeit, in der Umarmung des wienerischen und des jüdischen Witzes, wobei bei diesem im Auge das Lächeln, bei jenem aber der Tod steht?

Ich jedenfalls bin ein passabler Fußballer geworden und gewesen. Auf der Jesuitenwiese des Praters haben wir gespielt – die Wiese musste Jesuitenwiese heißen – und das *Hoppauf, Herr Jud!* begleitete mich durch die Kindheit.

2

Wie kommt denn dieser Mensch dazu, unser Wien so jüdisch anzufärbeln und gleichzeitig als so antisemitisch hinzustellen?

Unser Wien war immer eine gemütliche Stadt. Und den Herrn Tennenbaum aus dem Gemeindebau haben wir gern gehabt. Ein haglicher, feiner Herr war das, und dann ist er nach Amerika abdampft, hat sich in Florida oder wo die Sonn aufn Bauch scheinen lassen, daweil uns die Bomben aufn Schädel gfallen sind. Nachn Krieg ist er zurückkommen, war angfressen, weil wir Bombenopfer ihm nicht genug den »Gschammsta Diener« gmacht haben, und ist wieder weggefahren. Was können bitte wir dafür? Bei uns, Sie Saukerl, hat vorm Krieg ein jeder leben können. Was die Judenfeindschaft anlangt, das verstehen Sie nicht. Wir Wiener sind nicht a so. Das war ja gar nicht persönlich gemeint, das war bei uns Usus, wie auch gegen die Ziegelböhm, gegen die Krawodn, das war ja familiär. Der Adolf aber hat uns die ganze Judenpflanzerei verdorben. Seither darf man ja gegen gewisse Kreise kein lautes Wort sagen, sonst bist gleich ein Faschist. Was wissen denn Sie von der Wiener Seele. Die werden Sie naturgemäß nie ergründen.

Wir waren immer unpolitisch, merken Sie sich das! Und bevor Sie fortfahren, das eigene Nest zu beschmutzen, schauen Sie sich lieber Ihre Landsleute an und was die mit den Arabern machen. Sie sind ein Österreicher seit der Geburt? Ja, ja passmäßig, da ist heutzutage schnell einer ein Österreicher. Ein Wiener wie ich? Dass ich nicht lach. Kommen leicht Ihre Vorfahren aus Brünn? Wirklich, Ihre Vorfahren kommen auch aus Brünn? Na dann. Weißt was? Ich lad dich auf ein Achterl ein. Nix für ungut. Trotzdem: Dassd ein Schlawiner bist, glaub ich dir sofort. Aber ein echter Weaner? Was es alles gibt…

3 Ganz andere Gestalten irrlichterten durch meine Wiener Kindheit. Neben dem Grünen Prater aufgewachsen, spielten wir – wie schon gesagt – in diesem Fußball, was verboten war. »Tschif, der Praterschas«, hieß es, wenn der Prateraufseher mit seinem Fahrrad in der Ferne sichtbar wurde. Wir nahmen den Ball auf und spielten Handball, was gestattet war. Der Praterschas (da Brodaschas) überwachte und sortierte jedes Grasbüschel und war fast so gefürchtet wie sein Bruder im Geiste, der Kinderverzahrer, der auch ein intimes Verhältnis zu Grasbüscheln, aber auch zu dämmrigen Kellerstiegen hatte. Er ist die mythische Gestalt Wiener Kindheiten gewesen.

Die Erwachsenenwelt der Fünfzigerjahre gab zwei sich abwechselnde Geräusche von sich und orchestrierte damit unser Heraufkommen: Gejeier und Händegespuck. Es war die Musik der Kriegs- und Aufbaugeneration. Eben hatten sie noch geschossen, jetzt spucken sie in die Hände und bauen auf, eben hatten sie *Heil Hitler!* gerufen, jetzt jeiern sie von demselben als Dämon und Verführer.

Dieses Geklage über den Opfergang einer Generation war mit einem *Hoppauf, Österreich!* verschmolzen. Die verzopften christlichen Dreißigerjahre in der Maske der Fünfziger wollten wieder gutmachen, was die schön-schaurigen Vierziger angerichtet hatten.

Die Besonderheit meines Wiens dabei war, dass sich die Akteure ohne viel Aufhebens von der Bühne in den Zuschauerraum begaben und von sich behaupteten, stets dort gesessen zu sein. Damit knüpften sie an das an, was den Habitus seit langem gebildet hat: Der Wiener ist von Beruf Zuschauer. Er saß immer schon in den Parkettreihen des großen Welttheaters. So beglotzte er den Dreißigjährigen Krieg gradso wie die Revolutionen, die im fernen Frankreich abliefen und von denen er offiziell gar nichts wusste. Der Wiener Kongress ging direkt in die Hausmusik über.

Mit dem Wiener meine ich natürlich nicht die Mehrheit der Wiener in den Vorstädten, die wie die unteren Klassen überhaupt selbstverständlich ihre Haut zu Markte tragen mussten und in jenen und diesen Kriegen zuschanden gingen. Ich meine nicht die namenlos im Elend eingesperrten proletarischen und halbproletarischen Wiener, die vom bombastischen Paravent des Biedermeier bis heute verdeckt bleiben. Den Kleinbürger meine ich, den Mittelstand dazu, das Pfiffig-Weinerliche einer Zuschauerschicht, das dieser Stadt stärker den Stempel aufdrückte als die kämpfenden Arbeiter und Studenten von achtzehnachtundvierzig oder gar die von neunzehnvierunddreißig.

In den Musiken von Strauss und Lanner, in denen der Schrammel-Buam bildete sich das Klischee eines Wieners heraus, das wahrhaftig lebendig wurde.

Dieser Wiener nun, eine Mischung aus Blockwart, Schütze Arsch und Heurigensänger, saß auf der Galerie und spuckte auf unsere Kindheitsbühne. Diese Spucke, abwechselnd in die eignen Hände und in die Gesichter der Nachkommenschaft, das waren die neuen Werte, das war das demokratische Österreich.

Es ging wahrlich demokratisch zu in Wien. Die zweihunderttausend Juden gingen damals keinem ab. Es gab zwar keine Schriftsteller, keine Künstler, keine Wissenschaftler, keine brauchbaren Zeitungen mehr, aber wer benötigte denn so was? Man war bodenständig, unter sich, durchschnittlich, aber arrogant. Unter diesen Bedingungen gelang der Wiederaufbau meiner Stadt exzellent.

Und doch war mein Wien stets ein jüdisches Wien, obwohl ich damals gar kein Jude sein wollte. Das war das dritte Gelächter, in das ich teilweise schon selber einfiel. Denn in Wien lernt man das Lachen von der Pike auf. Auch das Sterben.

4 Der Tod ist eine viel zu ernste Angelegenheit, als dass man die seelische Kompetenz über ihn Nichtwienern überlassen darf.

»Der Tod, das muss ein Wiener sein, grad wie die Liab a Französin. Denn wer führt dich pünktlich zur Himmelstür? Ja, da hat nur der Wiener das Gspür dafür.« (Georg Kreisler)

Der Wiener hat ja eine Leidenschaft zum Theater, grade wenn es mitten im Leben spielt. Jeder Mord ist hier vor allem ein Mordstheater, ein Ereignis, und wird nicht vergessen. Was ist schon Frankreich mit seinem Landru gegen unsere Akteure von Hugo Schenk über Adrienne Eckhardt (Fleischmaschine), Gufler, Engleder (Maurerfäustl), Bergmann und retour. Bernhards *Heldenplatz* wird ebenso leidenschaftlich diskutiert wie der Mord an Ilona Faber beim Russendenkmal. Hörts auf mit der Politik; auf die Ereignisse kommts an. Woher sie kommen, wohin sie gehen, was daraus wird, dazu reicht die Geduld eines sinnlichen Zuschauers nicht aus. Für mein Wien entwickelt sich nichts; es war immer schon da, oder das gibts gar nicht. Mit so einem Fotogedächtnis hat man die Kompetenz über den Tod.

Und so erschien der fünfundvierzigjährige Georg P. mit einer Flinte im Spital, in dem seine Ehefrau lag, riss die Tür auf, schob die Krankenschwester zur Seite und rief: »Hedwig, pack zsamm, wir fahren in Himmel!« Sie überlebte den Anschlag, er sitzt beim Himmelvater.

Und Wolfgang Ambros singt: »Es lebe der Zentralfriedhof mit allen seinen Toten.« Schön kann man sich in diesem riesigen Grabsteinpark ergehen unter alten Bäumen. Entlang der Simmeringer Hauptstraße erstes, zweites, drittes, viertes Tor, gegenüber die Grabsteingeschäfte, eines neben dem anderen. Eines dieser Geschäfte verkauft Grabsteine und Gebrauchtwagen, besser gesagt, Gebrauchtwagen und Grabsteine. Und wenn Wiens Wonnemonat, der November, seinen Nebel auf Gerechte und Ungerechte legt, dann spüren auch die Millionen Toten ihn bis ins Bein. Da geht der Wiener aufrecht zwischen den Gräbern unter blattlosem Gezweig, und auch in seinem Herzen ist der

Nebel zuhaus, und er spürt den grünen Blick des Todes aus dem Nebel. »Ja, als a Toter, da macht an des Leben erst a Freud«, singt Arik Brauer, und so ist es bei uns daheim.

Der Tod ist in Wien allgegenwärtig, er ist der rauschige Vater des wienerischen Gelächters. Das Sterben aber, das dramatische Vorspiel, das ist ein Buschenschank, ein Heuriger und seine Musik.

5

Sie mit Ihren Klischees! Wie soll aus dieser Stadt je was werden, wenn sogar die linken Schriftsteller die Klischees bedienen?! Oder sind Sie bloß auf sie hereingefallen? Und was ist mit dem Roten Wien, Sie Spießer? Wussten Sie, dass in Wien die erste Abwehrschlacht gegen den Faschismus geschlagen wurde und die Simmeringer Arbeiter die tapfersten waren? Nix Zentralfriedhof. Und der Widerstand gegen die Nazis von Kommunisten, Sozialdemokraten und Christen? Waren das etwa keine Wiener? Die Wiener, die gegen die Stalinisten … Die Wiener, die gegen die Amerikaner … Die Wiener für Neutralität … gegen Neonazis. Und die Achtundsechziger, die das Wien bissl auslüfteten. Haben Sie das schon vergessen?

Überhaupt, wer lacht schon in Wien? Sparpakete, korrupte Politik, Provinzialismus, wer bitte lacht? Ich nicht, Herr Schriftsteller. Die Armen werden ärmer, die Reichen reicher, kein Wunder, dass der Haider leichtes Spiel hat. Das ist der Einzige, der lacht. Und das ist schon wieder ein Oberösterreicher. Sie haben von Wien keine Ahnung. Sind Sie überhaupt ein Wiener? Sie schauen gar nicht so aus.

Ach so. No, das muss man respektieren. Okay, gut, jedem sein Wien, entschuldigen Sie. Aber vergessen Sie doch nicht das Politische. Der Wiener interessiert sich nämlich nicht für Politik. Das haben Sie gesagt? Ich sag das! Er exekutiert sie. Damals? Was heißt damals? Immer! Allerweil!

Wir brauchen ein neues Wien. Machen Sie mit? Dann vergessen Sie einfach alles! Fangen wir an! Mein Wien und Ihr Wien könnten doch dereinst unser Wien sein. Nix für ungut, Genosse. Übrigens, darf ich Sie auf ein Achterl einladen?

6 Man erzählt Witze, und die Vergangenheit kommt zurück.

»Da war bei uns im Gemeindebau, hamma an Judn gehabt, einen gewissen Tennenbaum, sonst a netter Mensch, und da haben sie so Sachen geschmiert gehabt gegen die Nazis auf die Trottoirs, auf die Gehsteige. Er hats aufwischen müssen, der Tennenbaum. Na, net er allein. Die andern Juden auch. Ich hab ihn hingeführt, dass ers aufwischt. Der Hausmeister hat zugschaut und hat glacht. Er war halt immer bei einer Hetz dabei. Nachn Krieg ist er zruckkommen, der Tennenbaum. Hab ich ihm begegnet auf der Straßn, hab ich gsagt: ›Derre, Herr Tennenbaum.‹ Schaut er mich nicht an. Sag ich noch amal: ›Derre, Herr Tennenbaum.‹ Er schaut mich wieder nicht an. Hab i ma denkt: ›Siehst du, jetzt ist er bös.‹« (Helmut Qualtinger: *Der Herr Karl*)

Ich möchte so gern von meinem Wien erzählen, wie es sich in mir aufbaut, wenn ich nicht da bin. Von den kranken Kastanienbäumen, vom Flieder, von der Meierei im Prater, von den Kaffeehäusern, um die herum diese Stadt gebaut ist, von meiner Leopoldstadt, von den Solidaritäten und Verhaberungen, von den Kämpfen um mehr Gerechtigkeit und von den Intrigen um eine Gerechtigkeit, die eigne.

Aber die Wiener sind doch die bösartigsten Leute der Welt, und die Stadt selbst ist eine einzige Genievernichtungsmaschine, sagt Thomas Bernhard, der jüngste Heilige derer, die ihn vernichten wollten.

Deshalb ist Wien noch unter Narkose gefährlicher als das historische Chicago. Unblutig, mit einem leichten Kater schubst man sich selber in die Grube, nicht ohne vorher noch ein Aspirin geschluckt zu haben. Man lacht und wird leer. Man trinkt und stirbt. Man singt, und die Leute bleiben stehen. Man erzählt Witze, und die Vergangenheit kommt zurück.

Kleine Geschichte der Wiener Juden

Klaus Lohrmann

Wer aufmerksam durch Wien geht, besonders durch die Leopoldstadt und die Innere Stadt, wird bald bemerken, dass jüdisches Leben und jüdische Kultur nicht nur Geschichte sind, sondern lebendige Zeichen in der Stadt setzen. Neben den sozialen und kulturellen Einrichtungen und Veranstaltungen der Israelitischen Kultusgemeinde Wien spielen die Zeugnisse der Geschichte insofern eine bedeutende Rolle, als sie bewusst zur Konfrontation mit einer Vergangenheit einladen, die jeden Betrachter zur Stellungnahme zwingt. Die Geschichte der Juden in Wien erschöpft sich nicht in einer Serie von Verfolgungen, doch macht deren tragische Dramatik einen wesentlichen Teil der Historie aus. Der vorliegende Stadtführer beinhaltet dreierlei: die Erinnerungen an die verschiedenen Epochen jüdischen Lebens in Wien, die Auseinandersetzung mit dem oft grausamen Verhältnis zwischen Christen und Juden und schließlich die Zeugnisse aktuellen jüdischen Lebens in der Stadt, das sich künftig hoffentlich ohne gewaltsame Zerstörungen entwickeln möge.

Die Anfänge

Die Geschichte des Wiener Judentums im Mittelalter reicht vom Ende des 12. Jahrhunderts bis zur Verfolgung und Zerstörung der Gemeinde in den Jahren 1420 und 1421. Vor allem im späten 14. und frühen 15. Jahrhundert wirkten hier für das gesamte Judentum bedeutende Persönlichkeiten. Nach zögerlichen Anfängen im 13. Jahrhundert wuchs die Gemeinde rasch und wurde nach 1360 zu einem der wichtigsten jüdischen Zentren in ganz Europa, wobei allerdings zu bedenken ist, dass zu dieser Zeit die Juden in Frankreich nur mehr eine geringe Rolle spielten und aus England überhaupt vertrieben worden waren.

Als vermutlich erster Jude siedelte sich um 1190 ein gewisser Schlom (?–1196) in der Stadt an. Er war der Münzmeister von Herzog Leopold V. (1157–1194) und hatte in dieser Funktion Silber für die Münzproduktion zu beschaffen. Seine Dienste wurden aber überflüssig, als England das Lösegeld für König Richard Löwenherz (1157–1199) in großen Mengen Silber bezahlte.

Schlom besaß Grundstücke in Wien; er errichtete in der Seitenstettengasse die erste Synagoge der Stadt (1204 urkundlich erwähnt) und ließ einen Weinberg in der näheren Umgebung Wiens bewirtschaften. 1196 wurden er und 15 Mitglieder seines Haushalts von vagierenden Kreuzfahrern ermordet.

Die Entstehung der Gemeinde

Nachdem Kaiser Friedrich II. (1194–1250) und der Babenbergerherzog Friedrich der Streitbare (1211–1246) ihr Verhältnis zueinander geregelt hatten, stellte Letzterer am 1. Juli 1244 ein Judenprivileg aus, das den Judenschutz unter drakonischer Strafandrohung bei Übergriffen etablierte. Der größte Teil der Bestimmungen umfasste die Regelung der Pfandkredite, die ganz offensichtlich das Kreditwesen fördern sollte. Es ist jedoch unklar, ob das Privileg einen Anreiz für potenzielle Einwanderer darstellen sollte oder sich an bereits in Österreich ansässige Juden richtete.

Jedenfalls scheint eine größere Zuwanderung von Juden nach Wien erst in den 1270er- oder 1280er-Jahren erfolgt zu sein, während in Krems und Wiener Neustadt Juden schon in den 1250er- und 1260er-Jahren nachweisbar sind. Andererseits soll Isaak bar Mosche (1180–1260), genannt Or Sarua, einer der bedeutendsten Rabbiner des 13. Jahrhunderts, um 1260 in Wien gelebt haben. Die Anwesenheit eines derart angesehenen Gelehrten würde auf eine Gemeinde von einigem Gewicht deuten. Isaak bar Mosche legte mit seinem Werk *Lichtsaat* (*Or Sarua*) einen umfassenden rituellen Kodex vor, in dem auch das Zivilrecht eingehend behandelt und die Entwicklung der rabbinischen Gelehrsamkeit in Europa verarbeitet wird.

Die Synagoge auf dem Judenplatz

Es ist nicht hinreichend möglich, die Errichtung der Synagoge auf dem Judenplatz genau zu datieren. Jedenfalls muss sie nach der von Ottokar II. Přemysl (1230–1278) initiierten Absiedlung des herzoglichen Hofs vom heutigen Platz Am Hof in die neue Burg beim Widmertor, den Kern der heutigen Hofburg, erfolgt sein. 1276 residierte König Rudolf I. (1218–1291) bereits in den fertig gestellten neuen Räumlichkeiten; man kann also davon ausgehen, dass die zweite Wiener Synagoge in den 1270er-Jahren erbaut wurde.

Die älteste Erwähnung des Schulhofs der Juden, des Platzes vor der Synagoge, fällt ins Jahr 1294. Dieser Platz – heute steht dort das Mahnmal – wurde vermutlich aus dem zum herzoglichen Hof gehörigen Areal herausgeschnitten.

13. und 14. Jahrhundert

Spätestens mit der Errichtung der habsburgischen Herrschaft in Österreich 1282 waren die Würfel für eine rasche Entwicklung der Wiener Gemeinde gefallen. Die Gemeinde war wie ihr christliches Gegenüber oligarchisch organisiert, das heißt, wenige führende Familien übten den entscheidenden Einfluss in religiös-rechtlichen, wirtschaftlichen und sozialen Angelegenheiten aus. Zunächst waren es der vermutlich aus Böhmen oder Mähren eingewanderte Lebman, genannt Marlevi Ha-Kohen, (?–1314) und seine Nachkommen, die bis etwa 1340 in der Wiener Gemeinde die entscheidende Rolle spielten. Danach übernahmen David Steuss (?–1388) und seine weit verzweigte Sippe diese Funktion.

Für das Gemeindeleben bestand ein beachtlicher Spielraum. Als Kontaktpersonen zum Herzog von Österreich dienten die sogenannten Judenmeister – Leute, die das jüdische Recht kannten, fallweise auch eine rabbinische Ausbildung genossen hatten oder Rabbiner waren und vom Herzog manchmal als Ratgeber herangezogen wurden. Die namentlich bekannten Judenmeister stammten aus dem Kreis der führenden Familien. Obwohl in Wien, anders als in den rheinischen Städten oder in Nürnberg, kein Judenrat ausdrücklich erwähnt wird, kann man wohl in jenen drei Rabbinern, die 1338 den Wiener Bürgern bestätigten, dass ihnen künftig ein niedrigerer Zinssatz berechnet würde, den Kern eines Judenrats vermuten. Die Existenz verschiedener anderer Funktionsträger wie des sogenannten Zechmeisters, des Kantors, des Gerichtsdieners oder des Badestubenvorstehers bezeugen ein geordnetes Gemeindeleben.

Die Zechmeister waren die Vorsteher von Bruderschaften, von christlichen Quellen »Zechen der Juden« genannt, die verschiedenste soziale und rituelle Verpflichtungen wahrnahmen. An Organisationsformen wie diesen sind die Ähnlichkeiten des Lebens von Juden und Christen in der Stadt zu erkennen, denn auch Christen überließen soziale und karitative Aufgaben häufig diversen Bruderschaften.

Die Gemeinde verfügte darüber hinaus über weitere Einrichtungen wie den Friedhof vor dem Kärntner Tor, der Mitte des 14. Jahrhunderts, zur Zeit der Pest, erweitert werden musste, ein Spital mit einer Fülle von Aufgaben, die von der Verwaltung der Armenkasse über die Krankenpflege bis zur Unterbringung von Reisenden reichten, sowie mehrere rituelle Bäder, darunter ein Frauenbad auf dem Judenplatz und eine Wunderburg genannte Mikwe am Tiefen Graben.

Daneben bestanden aber auch Badehäuser, die in profaner Weise der Hygiene und dem gesellschaftlichen Leben dienten. Schon ab dem 13. Jahrhundert versuchten Theologen – im Rahmen ihrer Bemühungen, die sozialen Kontakte zwischen Christen und Juden einzuschränken –, das gemeinsame Baden von Christen und Juden zu unterbinden. Diese Bemühungen erwiesen sich zunächst als vergeblich. Erst nach 1360 kaufte die jüdische Gemeinde ein Badehaus vor dem Kärntner Tor und einige Zeit später ein weiteres in der heutigen Kleeblattgasse, die direkt an die Judenstadt grenzte. Es ist zu vermuten, dass die Juden vorher die allgemeinen Bäder besucht hatten.

Geschäftstätigkeit

Die dichtesten Kontakte zwischen Juden und Christen bestanden zweifellos im Geschäftsleben. Sie erschöpften sich nicht bloß darin, dass Christen bei Juden Geld aufnahmen; vielmehr sind immer wieder mittel- und unmittelbare Geschäftspartnerschaften erkennbar. Trotz vielfältiger Verbote legten beispielsweise Christen Geld bei Juden an, um sogenannte Wuchergewinne zu erzielen – die Steuern für dieses Kapital hatten bis ins 15. Jahrhundert die Juden zu bezahlen. Ferner gab es Transaktionen, die in Kooperation von jüdischen und christlichen Unternehmern abgewickelt wurden. Auch kam es (wenn auch selten) vor, dass Juden bei Christen Geld aufnahmen. Jedoch bestand die am weitesten verbreitete Form des Geschäftskontakts darin, dass sich Christen von Juden Geld ausborgten. Die Vorteile, bei einem Juden Kredit aufzunehmen, bestanden in der Schnelligkeit, mit der das Geld zur Verfügung stand, und in der großen Zahl von Möglichkeiten, die Rückzahlungsbedingungen zu modifizieren.

Juden waren geradezu verpflichtet, liquid zu sein. Am deutlichsten tritt dies bei der Bezahlung der Tagelöhner in den Weinbergen zutage: Wer etwa seine Arbeitskräfte am Ende des Tages nicht entsprechend entlohnen konnte, musste ein Pfand herausgeben, das vom Weinzierl, dem Richter des Weinbergs, bei einem Juden in Geld umgesetzt wurde, mit dem die Tagelöhner bezahlt wurden. Ähnliches galt bei Zwischenkrediten: Kam es bei einer Rückzahlung zwischen christlichen Geschäftspartnern zu Problemen, konnte der Gläubiger, wenn dies vereinbart worden war, sich sein Geld bei einem jüdischen Kreditor verschaffen und der Schuldner stand nun bei diesem in der Kreide, zuzüglich der anfallenden Zinsen.

Im Allgemeinen waren diese Geschäfte mit ihren geringen Summen und kurzen Laufzeiten nicht sehr einträglich. Gute Verdienstmöglichkeiten bestanden bei Kreditgeschäften mit der politischen Führungsschicht und dem bedeutenden Bürgertum. Herzog Friedrich der Streitbare wies in seinem Judenprivileg darauf hin, dass die Kredite, die der Adel von den Juden erhielt, von großer Bedeutung waren und er persönlich für eine ordnungsgemäße Rückzahlung sorgen würde.

Daneben waren Darlehen gegen ein Grundstückspfand in der Führungsschicht stark verbreitet. Ab den 1360er-Jahren betrafen diese Darlehensformen in Wien auch Handwerker; zeitweise war beinahe die Hälfte aller Häuser in Wien an Juden verpfändet.

Die Gemeinde auf ihrem Höhepunkt

Von 1350 bis 1400 wuchs die jüdische Gemeinde Wiens vor allem durch Zuwanderung stark an. Die Ursache dafür lag vorwiegend in den wirtschaftlichen Reformen von Herzog Rudolf IV. (1339–1365), der u. a. die Steuerpflicht für Adel und Klerus einführte. Dadurch wurde die Kreditorentätigkeit von Juden noch intensiviert. Die Zuwanderer kamen vor allem aus dem heute ungarischen Sopron (Ödenburg) und aus kleineren Städten Österreichs. In diese Zeit fiel wohl eine neuerliche Erweiterung der Synagoge in Wien, die vermutlich von David Steuss finanziert wurde. Die jüdische Gemeinde zählte damals 800 bis 900 Mitglieder, das entsprach etwa fünf Prozent der Stadtbevölkerung.

Die ausgezeichnete geschäftliche Situation in der Zeit zwischen 1360 und 1400 wurde von einer glänzenden religiös-wissenschaftlichen Entwicklung der Gemeinde begleitet, die im gesamten Deutschen Reich Anerkennung fand. Berühmte Gelehrte zogen nach Wien, unter ihnen Abraham Klausner (1350–1408) und Meir von Fulda (1325–1406), der in die Familie von David Steuss einheiratete.

Niedergang, Verfolgung und Vertreibung

Der Höhepunkt jüdischer Kultur- und Geschäftstätigkeit in Wien barg aber zugleich die Ursachen für den Untergang in sich. Die Bestrebungen von Herzog Albrecht III. (1350–1395), oppositionelle Adelige zu entmachten, wirkten sich mittelbar negativ auf die jüdische Gemeinde aus, weil immer weniger Edelleute Kredit bei Juden nahmen. Der Herzog stand nämlich auf dem Standpunkt, dass das Geld, das die Juden in Umlauf brachten, zu seinem Schatz gehöre und er daher unmittelbaren Einfluss auf die Gestaltung der Rückzahlung habe. Entlastete er einen der politischen Opposition nahestehenden Schuldner nicht, geriet dieser meist in Schwierigkeiten und musste seine einflussreichen Positionen räumen.

Gleichzeitig warnte die katholische Kirche unermüdlich davor, mit Juden Geschäfte zu machen, und ab 1400 engagierten sich zunehmend auch christliche Bürger im Darlehensgeschäft, sodass sowohl das Auftragsvolumen als auch die Bedeutung der jüdischen Bürger Wiens im Allgemeinen zurückging.

1406 kam es in der Judenstadt zu einem Brand, der zahlreiche Plünderungen mit sich brachte; besonders Studenten sollen sich unrechtmäßig bereichert haben. Der Schaden betrug mehr als 100 000 Pfund – eine Summe, mit der man 30 bis 50 sehr gut ausgestattete Häuser kaufen konnte. Dieses tragische Ereignis führte zwar nicht zur Verarmung der Juden, aber ihre Steuerleistungen sanken merkbar.

Am Beginn der Verfolgung 1420/21 stand die Diskussion, ob nicht die Zwangstaufe doch ein geeignetes Mittel zur Bekehrung der Juden sei. Gleichzeitig kamen politische Elemente ins Spiel. Herzog Albrecht V. (1397–1439) unterstützte Kaiser Sigismund (1368–1437) bei der Bekämpfung der Hussiten, die den Kaiser an der Machtübernahme in Böhmen zu hindern suchten. Mitglieder der Wiener theologischen Fakultät sprachen sogar von Waffenlieferungen der Juden für die Hussiten. Nachdem im Sommer 1420 ein Feldzug gegen die Hussiten erfolglos verlaufen war, kehrte Albrecht nach Österreich zurück und richtete seinen

Zorn gegen die Juden. Die meisten wurden in die Nachbarländer Mähren und Ungarn verjagt – jene, die in Ungarn landeten, befanden sich in jenem berühmten ruderlosen Schiff, das die Donau hinuntertrieb –, wo sie im Allgemeinen gute Aufnahme fanden.

Die übrig gebliebenen Wiener Juden erlebten ein schreckliches Martyrium, das den zweifelhaften Ruf der Metropole als Blutstadt in der jüdischen Tradition begründete. Viele starben unter der Folter, und um einer neuerlichen Zwangstaufe zu entgehen, begingen zahlreiche Juden in der Synagoge Selbstmord. Die überlebenden, meist wohlhabenden etwa 200 bis 300 Juden wurden auf einem Scheiterhaufen auf der Gänseweide in Erdberg verbrannt.

Von diesem Zeitpunkt an gab es im Verlauf der nächsten 150 Jahre kaum nennenswertes jüdisches Leben in Wien; der Schwerpunkt lag in Böhmen und Mähren, und zunehmend spielte Prag die zentrale Rolle.

Die Entstehung einer neuen jüdischen Gemeinde

Die Zahl der ständig in Wien lebenden Juden war um 1580 so angewachsen, dass etwa zu dieser Zeit ein neuer jüdischer Friedhof in der Seegasse in der Vorstadt Rossau angelegt wurde – der älteste Grabstein stammt aus dem Jahr 1582. Im gleichen Jahr war auch erstmals von »hofbefreiten Juden« in Wien die Rede. Dabei handelte es sich nicht um Hoflieferanten, sondern um Leute, die im Rahmen ihrer Geschäftstätigkeit über Privilegien verfügten, die ihnen eine gewisse Freizügigkeit zusicherten. Schließlich verdichteten sich die Rechte der Juden und führten zu einer Neubildung der Gemeinde zu Beginn des 17. Jahrhunderts. Der Siedlungsschwerpunkt lag im Gebiet um den Kienmarkt, den heutigen Ruprechtsplatz, wo die Juden auch später die meisten ihrer Geschäftslokale besaßen. 1622 plante man die Errichtung einer Synagoge in der Sterngasse, wofür Ferdinand II. (1578–1637) bereits ein Privileg erteilt hatte. Der Plan wurde allerdings durch die Anweisung neuer Wohnstätten im Jahr 1624 fallen gelassen.

Mit Patent vom 6. Dezember 1624 stellte Kaiser Ferdinand II. die Wiener Juden unter den Schutz des Hauses Österreich und wies ihnen einen Teil des Unteren Werd, der heutigen Leopoldstadt, als Wohngebiet zu. Über die Schlagbrücke beim Rotenturmtor erreichten die Juden leicht ihre Geschäftslokale am Kienmarkt. Der Grund für Ferdinands Großzügigkeit war der Dreißigjährige Krieg. Der Kaiser sorgte dafür, dass die Juden in seinem Herrschaftsgebiet ihren Geschäften ungestört nachgehen und damit höhere Steuern zahlen und Kriegskontributionen leisten konnten. Das Privileg vom 8. März 1625 garantierte den Juden ein hohes Maß an Handels- und Gewerbefreiheit. Zugleich entwickelte sich die Selbstverwaltung der Gemeinde mit eigenen Richtern, der Anstellung eines Rabbiners und dem Bau von Gemeindeeinrichtungen, unter denen die Synagoge herausragte. In der Judenstadt im Unteren Werd gab es vermutlich zwei Synagogen; die zweite, größere wurde aufgrund des starken Anwachsens der Gemeinde errichtet. An ihrer Stelle steht heute die Leopoldstädter Pfarrkirche.

Einige der Grenzsteine der Judenstadt sind noch erhalten, einer davon befindet sich im Wien Museum am Karlsplatz. Um diese Zeit betrug die Zahl der Gemeindemitglieder etwas über 1300, nach – eher übertrieben anmutenden – Schätzungen der Behörden hielten sich damals gar 3000 Juden in Wien auf.

Erneute Vertreibung

So günstig die Verhältnisse auch erscheinen mochten – 1632 wurde die innere Organisation der Gemeinde bestätigt –, 1637 begannen mit dem Regierungsantritt von Ferdinand III. (1608–1657) erneut Schwierigkeiten. Treibende Kraft war die an einer Ausweisung der Juden interessierte Wiener Bürgerschaft. Viele ungewöhnliche Ereignisse in der Stadt wurden den Juden in die Schuhe geschoben – Ereignisse, die aber keinen Grund für eine Ausweisungsdiskussion darstellten. Erst als zur Zeit Leopolds I. (1659–1705) die Kirche sich in Gestalt des Wiener Neustädter Bischofs Leopold Karl Kollonitsch (1631–1707) einschaltete, eskalierte die Situation: Es kam zu einer generellen Ausweisung, die 1669 beschlossen und 1670 durchgeführt wurde. Der Sekretär des Bischofs wurde der erste Pfarrer der statt der Leopoldstädter Synagoge errichteten Kirche, die noch heute eine in jeder Hinsicht schauerliche, weil triumphale Erinnerung an die Vertreibung darstellt. Den Vorwand für die Vertreibung bildeten theologische Gründe, die durch den Vorwurf der Spionage für die Türken gestützt wurden. Wirtschaftliche Argumente setzte man bewusst hintan, weil die Hofkammer durchaus wusste, dass das Unternehmen in dieser Hinsicht völliger Unsinn war. Die meisten Wiener Juden emigrierten nach Mähren und Ungarn; berühmt wurden darüber hinaus die Auswanderer nach Brandenburg und Berlin.

Eine der Folgen der Vertreibung war die dramatische Verschlechterung der wirtschaftlichen Situation. Die Lage war dermaßen ernst, dass der Kaiser bereits wenige Jahre später mit einigen Mitgliedern reicher jüdischer Familien Verhandlungen über eine Rückkehr führte.

Die Hofjuden

Hoflieferanten hatte es in der jüdischen Gemeinde in Wien schon vor der Vertreibung von 1669/70 gegeben. Doch in den 1670er-Jahren trat in der Gestalt von Samuel Oppenheimer (1630–1703) eine Erscheinung von singulärer Bedeutung mit dem kaiserlichen Hof in Verbindung. Oppenheimer schloss mit dem Wiener Hof Lieferungsverträge für das Heer und den kaiserlichen Haushalt. Er genoss Freizügigkeit im ganzen Reich und in den habsburgischen Ländern sowie darüber hinaus hohes Ansehen unter christlichen wie jüdischen Lieferanten und Geldgebern, was ihm seine Geschäfte erst ermöglichte. Da der Hof aber viele Leistungen Oppenheimers nicht bezahlen konnte und wollte, brach mit dessen Tod 1703 ein ganzes Wirtschaftssystem zusammen, das in Österreich den Staatsbankrott auslöste. Oppenheimers Neffe Samson Wertheimer (1658–1724) verfügte über ähnliche Privilegien, ging aber vorsichtiger an seine Geschäfte heran. Außerdem übte er das ungarische Landesrabbinat im Esterházy'schen Eisenstadt aus.

Die sich bald nach Oppenheimer und Wertheimer in Wien ansiedelnden Juden waren zwar kaum in einer vergleichbaren Position, aber dennoch Vertreter der wirtschaftlichen und geistigen Führungsschicht. Sie kamen vor allem aus Mähren und Ungarn nach Wien. Eine einflussreiche Position nahm der von der Iberischen Halbinsel stammende Diego d'Aguilar (1699–1759) ein. Er sollte den Tabakhandel und -verkauf möglichst gewinnbringend organisieren und sorgte ferner für Hilfsgelder für den Kaiser, speziell aus England.

Die Abgabenzahlungen, die Betreuung des Friedhofs in der Seegasse und der Betrieb des Spitals bildeten erste Elemente einer wieder entstehenden jüdischen Gemeinde in Wien. Zu dieser Zeit betrug die offiziell erfasste Zahl der Juden in Wien etwa 500. Weit mehr dürften sich unerlaubt in der Stadt aufgehalten haben.

1763 gründeten junge Juden die Beerdigungsbruderschaft Chewra Kadischa, die sich auch um den Rossauer Friedhof in der Seegasse kümmerte, der bis 1784 bestand. Mit der Anlage der Kommunalfriedhöfe wurde ein Teil des Währinger Friedhofs die letzte Ruhestätte der Wiener Juden.

Die Entwicklung hin zu einer eigenständigen jüdischen Gemeinde setzte sich über das Toleranzzeitalter hinaus fort, indem den Juden nach und nach eine Vertretung und schließlich sogar der Bau einer Synagoge gestattet wurde.

Veränderungen durch die Toleranzpolitik

Am 2. Jänner 1782 publizierte Kaiser Joseph II. (1741–1790) ein Toleranzpatent für die Juden in Wien und Niederösterreich. Es war dies eines von mehreren Patenten für die einzelnen Länder, die aus wirtschaftlichen und bevölkerungspolitischen Gründen aufeinander abgestimmt waren. Bei aller retrospektiven Begeisterung für die Toleranzpolitik Josephs fällt doch auf, dass der Text eine der Grundfragen der Zeit nicht berührt: Die bürgerliche Gleichstellung der Juden fand nicht statt. Stattdessen gab es einige äußerliche Retuschen, die sich auf die Aufhebung der Verpflichtung, Bärte zu tragen, und ähnliche Fragen bezogen. Was die Zuwanderung betraf, blieb es bei den überkommenen Bedingungen: Nur wohlhabende Juden, die dem Staate nützlich sein konnten, durften sich in Wien niederlassen.

So handelte es sich bei den Zuwanderern meist um Großhändler, Tabakpächter und Fabrikanten. Bei diesen sozialen Voraussetzungen war es kein Wunder, dass das breit angelegte Bildungsprogramm des Kaisers für die Wiener Juden – anders als etwa in Böhmen – kaum Bedeutung hatte. Die Kinder wurden fast ausschließlich von privaten Lehrern unterrichtet.

Jüdische Emanzipation

Gegen Ende des 18. Jahrhunderts erlangten einige Juden hohes Ansehen in der Wiener Gesellschaft. Die Organisation des Tabakwesens etwa lag in den Händen von Israel Hönig (1724–1808), geadelt als Edler von Hönigsberg; Nathan Adam von Arnstein (1748–1838) und Bernhard von Eskeles (1753–1839) gründeten das Bankhaus Arnstein & Eskeles. Weitere wichtige Vertreter des Wiener Judentums dieser Zeit waren Isak Löw Hofmann (1759–1849), ein Vorfahre von Hugo von Hofmannsthal (1874–1929), und Michael Lazar Biedermann (1769–1843), die durchsetzten, dass die Behörden Juden als Gesprächspartner anerkannten. Weiters erbrachten jüdische Familien während der Napoleonischen Kriege gewaltige Leistungen für die Staatsfinanzen und steigerten dadurch ihr Ansehen. Ausdruck dieser Wertschätzung war etwa der Salon der Fanny von Arnstein (1758–1818), in dem Künstler und Politiker aus und ein gingen.

Nach den Napoleonischen Kriegen wollte man ein Bauwerk errichten, das der neu gewonnenen Bedeutung Ausdruck verleihen und zugleich auch für die jüdische Identität stehen sollte: Die Pläne für die Erbauung des Wiener Stadttempels entstanden, der 1826 fertig gestellt wurde. Mit Josef Kornhäusel (1782–1860) wurde der berühmteste Wiener Architekt der Zeit für den Bau gewonnen.

Obwohl es noch mehr als 20 Jahre dauern sollte, ehe eine wirkliche Gemeinde sich konstituierte, entstand mit der Etablierung eines öffentlichen religiösen Lebens der Juden auch gleich der Konflikt zwischen Traditionalisten und Fortschrittlichen. Die Querelen entluden sich um die Mitte des Jahrhunderts im sogenannten Orgelstreit, in der Organisation einer orthodoxen Gruppe von Juden und zum Teil in der Gründung verschiedener Synagogengemeinschaften, die formal zwar unter dem Dach der Einheitsgemeinde blieben, aber ein beträchtliches Eigenleben führten.

In den Diensten des Systems

1817 zog Salomon Rothschild (1774–1855) nach Wien. Im Bankwesen tätig, organisierte er die Wiener Börse neu und arbeitete eng mit Fürst Clemens Metternich (1773–1859) und dessen Frau zusammen. 1822 wurde er als Freiherr in den Adelsstand erhoben. Später engagierte er sich im Berg- und Eisenbahnbau.

Die ersten wirklichen Vertreter des gründerzeitlichen Typs jüdischer Unternehmer waren aber vermutlich Jonas von Königswarter (1807–1871) und Hermann Todesco (1791–1844).

Die Gruppe der eng mit dem Staat kooperierenden und für dessen finanzielle Transaktionen mitverantwortlichen Juden wurde also von liberalen, um ökonomische Freiheit ringenden jüngeren Leuten abgelöst. Zusammen mit jungen Kritikern, die mit den sozialen Verhältnissen unzufrieden waren, gehörten sie zu jenen, die der Revolution von 1848 den Weg ebneten.

Revolution 1848

Adolf Fischhof (1816–1893), ein junger jüdischer Arzt, fühlte sich am 13. März 1848 dazu berufen, an die unschlüssige Menge, die im Hof des Landhauses in der Wiener Herrengasse versammelt war, »ein zündendes Wort« zu richten. Seine Rede gilt als auslösendes Moment für die Revolution. Fischhof steht chronologisch am Beginn einer Reihe jüdischer Politiker, die in den folgenden

Jahrzehnten Pläne zur Durchsetzung der liberalen Verfassung und zur letztlich nicht gelungenen Bewältigung des Nationalitätenproblems in der Monarchie schmiedeten. Ein Ergebnis der Revolution war die verfassungsmäßige Gleichstellung der Juden mit allen anderen Bürgern. Da diese Verfassung aber oktroyiert war – die konservativen Kräfte hatten gesiegt –, misstraute sogar Isaac Noa Mannheimer (1739–1865), der Wiener Rabbiner, den in Aussicht gestellten Maßnahmen. Tatsächlich dauerte es noch über zehn Jahre, bis sich die Gleichstellung vollzog.

Immerhin entstand nun die jüdische Gemeinde als Kultusgemeinde. Damit wurde entschieden, die Juden als religiöse Gemeinschaft zu begreifen. 1852 gab sich die Gemeinde ein provisorisches Statut. Auf dieser Basis und vor dem Hintergrund einer sich rasch ausweitenden Zuwanderung entwickelte sich ein weit verzweigtes kommunales Leben, in dem die sozialen Aufgaben an erster Stelle standen. Bis in die 1870er-Jahre dominierten Zuwanderer aus Böhmen, Mähren und Ungarn. Erst danach gewann die Immigration aus Galizien an Bedeutung, was mit dem Zusammenbruch der beskidischen Erdölförderung und Petroleumproduktion in Zusammenhang stand.

Neben dem Stadttempel wurde der 1858 fertig gestellte Leopoldstädter Tempel zum Zentrum der sich entwickelnden Gemeinde. Adolf Jellinek (1821–1893) wirkte dort als berühmter Prediger und galt nicht nur in jüdischen Angelegenheiten als Gelehrter. Für traditionell gesinnte Juden war der neue große Tempel, der 3000 Personen Platz bot, ständiger Anlass zu Kritik, da sie den dort gehaltenen Gottesdienst für zu fortschrittlich hielten.

Gründerzeit

Die selbstständig arbeitenden Juden übten Berufe vom Bankier bis zum kleinen Tabakhändler aus, besondere Bedeutung kam aber dem Textilgewerbe zu. Noch heute erinnern die großen Fenster der Häuser am Franz-Josefs-Kai an die Lager der Stofffirmen. Zahlreiche jüdische Immigranten wurden als Handlungsgehilfen und reisende Verkäufer beschäftigt.

In der folgenden Generation wandten sich viele Juden intellektuellen Berufen zu: Zum Teil waren sie als Wissenschaftler tätig, besonders bekannt waren Ärzte und Rechtsanwälte, und zunehmend betätigten sich Juden auch als Künstler. Nicht unwichtig ist, dass das Mäzenatentum und die öffentliche Kunst- und Kulturdiskussion in Zeitungen oder bürgerlichen Salons häufig von Juden getragen wurden. Die intellektuellen Juden waren ein fixer Bestandteil, geradezu ein Markenzeichen des kulturellen Lebens im Wien der Jahrhundertwende.

Führende jüdische Familien waren an den kulturellen Leistungen des gründerzeitlichen Wien entscheidend beteiligt: Viele der Ringstraßenpalais hatten jüdische Bauherren, Juden beteiligten sich an der Finanzierung von Theatern und Opern, organisierten Kunstausstellungen und wirkten an der Verwirklichung des Secessionsprojekts mit. Eine der stolzesten kommunalen Leistungen des Liberalismus war die Anlage des Zentralfriedhofs, dessen jüdischer Teil beim ersten Tor 1874 eröffnet wurde.

Antisemitismus des 19. Jahrhunderts

Aber weder die Verfassungsentwicklung noch der wirtschaftliche Erfolg einiger jüdischer Familien verhinderten das Vorhandensein judenfeindlichen Denkens und Handelns. Die Federführung diesbezüglich lag wie schon in den vorangegangenen Jahrhunderten bei Teilen der christlichen Kirche, wenn auch allmählich rassistische Argumente eine Rolle zu spielen begannen. Die *Wiener Kirchenzeitung* unter langjähriger Führung von Sebastian Brunner (1814–1893) war auf diesem Gebiet besonders berüchtigt.

Einen propagandistischen Höhepunkt erreichte die politisch instrumentalisierte Judenfeindschaft in den Jahren, als Karl Lueger (1844–1910) um die Macht in Wien rang. Unter seinen zahlreichen antisemitischen Äußerungen erlangte seine Rede zum Israelitengesetz 1890 Bekanntheit, die vor Bosheit nur so strotzte. Nach seiner Wahl zum Wiener Bürgermeister mäßigte Lueger aber seine Sprache und seine Angriffe. Die religiös motivierte Judenfeindschaft kulminierte in den Auseinandersetzungen, die der Rabbiner und Abgeordnete zum Reichstag Joseph Samuel Bloch (1850–1923) mit August Rohling (1839–1931), einem Universitätsprofessor für Bibelwissenschaften, und dem Weinhauser Pfarrer Joseph Deckert (1843–1901) führte und in deren Verlauf Letztere behaupteten, der Talmud fordere Feindschaft gegenüber Christen, und Juden würden tatsächlich Ritualmorde an christlichen Knaben begehen.

Verschiedene Vereinigungen machten sich um diese Zeit bereits gegen den Antisemitismus stark. Eine wichtige Stütze hatten die Juden auch im Hause Habsburg, denn Kaiser Franz Joseph I. (1830–1916) verurteilte in seinen späteren Jahren Attacken auf Juden.

Die Zwischenkriegszeit

Die Verhältnisse in Wien nach dem Ersten Weltkrieg förderten die Judenfeindschaft. In zwei Wellen, 1915 und 1917, war eine große Zahl von galizischen und polnischen Juden nach Wien geflohen, die die wirtschaftlich erschöpfte Stadt vor zahlreiche soziale Probleme stellten. Trotz enorm restriktiver bürokratischer Praktiken seitens der österreichischen Behörden wurde ein großer Teil der Zuwanderer in Wien sesshaft. Anfang der 1920er-Jahre bedienten sich praktisch alle Parteien, selbst die Sozialdemokraten, in ihrer Wahlpropaganda antijüdischer Slogans.

Der massiv zunehmende Antisemitismus in Österreich stärkte natürlich die Positionen der Zionisten, obwohl es etwa in der Jüdischen Nationalen Partei durchaus auch Juden gab, die ihre Interessen innerhalb Österreichs wahren wollten. Aber immer mehr Vertreter der jungen Generation absolvierten landwirtschaftliche Ausbildungen, um sich auf die Emigration nach Palästina vorzubereiten. Auch die Vorsteher der Kultusgemeinde schlossen sich in wachsendem Maße den Zionisten an, unter ihnen Desider Friedmann (1880–1944), der letzte Präsident der Kultusgemeinde vor 1938, und der bedeutende Rabbiner Zwi Peres Chajes (1876–1927).

Trotz dieser schwierigen Situation, die sogar zu gewaltsamen Angriffen gegen Juden führte – erinnert sei an den Überfall auf das Anatomische Institut der Universität Wien, das unter der Leitung von Julius Tandler (1869–1936) stand –, nahm das Leben offenbar seinen normalen Lauf. Viele in der Öffentlichkeit angesehene Personen waren Juden, und die seit etwa 1930 rasch wachsende nationalsozialistische Bewegung schien zunächst eine vernachlässigbare Größe. Nach außen hin schützte das Dollfuß-Schuschnigg-Regime die Juden, obwohl es auch in diesen Kreisen nicht an handfestem Antisemitismus mangelte.

1938 bis 1945

Der »Anschluss« Österreichs an das Deutsche Reich im März 1938 war vor allem für die österreichischen Juden eine Katastrophe. Juden wurden von einer fanatisierten Meute dazu gezwungen, Straßen und Gehsteige mit Hand- und Zahnbürsten zu reinigen – in keiner anderen Stadt NS-Deutschlands nahm der Antisemitismus dermaßen offen sadistische Züge an. Die Zahl der Selbstmorde stieg sprunghaft an. Das Eintreffen von Adolf Eichmann (1906–1962) und seinen SS-Schergen kennzeichnete den Beginn der systematischen Erfassung und Vertreibung der Juden. Etwa 120 000 Menschen gelang es zu flüchten oder auszuwandern. Im Jahr 1941 begannen die Deportationen in die polnischen und weißrussischen Ghettos und weiter in die Massenvernichtungslager. 65 000 österreichische Juden wurden Opfer der Shoah.

Die Entwicklung nach 1945

Von den 180 000 im Jahr 1938 in Wien wohnhaften Juden hatten nur wenige im Untergrund überlebt. Als es zur Wiedergründung der Kultusgemeinde kam, waren die meisten ihrer Mitglieder aus Osteuropa stammende *displaced persons*. Deren größter Teil wanderte allerdings in die USA und nach Palästina beziehungsweise ab 1948 nach Israel aus. Nur wenige ehemalige Wiener Juden kehrten in den folgenden Jahren in ihre Heimatstadt zurück. Offizielle Einladungen zur Heimkehr ergingen nur selten – und wenn, dann nur an prominente Juden wie zum Beispiel Arnold

Schönberg (1874–1951). In der Kultusgemeinde rechneten nur wenige damit, dass es in Wien jüdisches Leben auf längere Sicht hin geben würde. Die meisten jüngeren Juden dachten an die Emigration nach Israel. Der hin und wieder aufflackernde Antisemitismus begünstigte diese Tendenzen. Man versuchte, unauffällig und angepasst zu leben; die Politik des Kultusvorstands spielte sich im Schatten der Sozialistischen Partei ab.

Nachdem nun aber eine neue Generation in Österreich aufgewachsen war, kam es zu einem Umdenken. Ab den 1980er-Jahren begann sich das Gemeindeleben auf den verschiedensten Gebieten neu zu entfalten. Hilfreich war, dass jüdische Stiftungen im Ausland Wien neu entdeckten und sich in der Finanzierung von Religions- und Bildungseinrichtungen engagierten. Bemerkenswert war auch das gemeinsame Agieren von jüdischen und nichtjüdischen Einrichtungen und Personen beim Aufbau des allgemeinen Schulwesens für jüdische Kinder.

Neue Erinnerungskultur

Die an den Juden verübten Verbrechen waren zwar spätestens seit den Nürnberger Prozessen – oder auch den Wiener Volksgerichtsverfahren – öffentlich bekannt. Dennoch herrschte in Österreich jahrzehntelang eine Atmosphäre des Leugnens, Totschweigens und angeblichen Nichtwissens vor. Den Kriegerdenkmälern wurden antifaschistische Mahnmale gegenübergestellt, die meist auf die Initiative von Sozialdemokraten und Kommunisten entstanden. Ausgespart blieb durchgehend der Holocaust, den man verschämt in der Formel »Gegen Krieg und Faschismus« versteckte. Spätestens mit der Diskussion um die Kriegsvergangenheit des damaligen Bundespräsidenten Kurt Waldheim (1918–2007) erreichte die Frage nach der Notwendigkeit, an den Holocaust zu erinnern, eine breite und zunehmend kritischere Öffentlichkeit.

Sich nicht zu erinnern bedeutet eigentlich, sich nicht erinnern zu wollen, was bei der jede menschliche Vorstellungskraft übersteigenden Dimension der Verbrechen an Juden eine neue schwere moralische Irreleitung bedeutet. Diese Erkenntnis, die sich in der nach 1945 geborenen Generation doch auf breiterer Ebene durchgesetzt hat, führte zur Übernahme einer gewissen Verantwortung, die den Boden für eine neue Erinnerungskultur bereitete. Verstärkt wurde diese Entwicklung durch das den Juden aufgetragene Gebot »Erinnere dich!«.

Die Israelitische Kultusgemeinde hat enorme Anstrengungen unternommen, um das kulturelle Leben in der Gemeinde wieder zu beleben. Der gesamte künstlerische Betrieb Wiens fokussiert immer wieder auf Werke jüdischer Künstler – diese Situation unterscheidet sich doch deutlich von Verhältnissen, wie sie noch vor einigen Jahrzehnten in Wien geherrscht haben. Die intensive Auseinandersetzung mit Kunstwerken, die von Juden geschaffen wurden und die als wesentlicher Teil der Wiener Geistesgeschichte gelten, prägt das kulturelle Klima der Stadt seit Jahren und hat es von Grund auf erneuert. Es ist zu hoffen, dass diese Situation Ergebnis eines nachhaltigen Veränderungsprozesses ist.

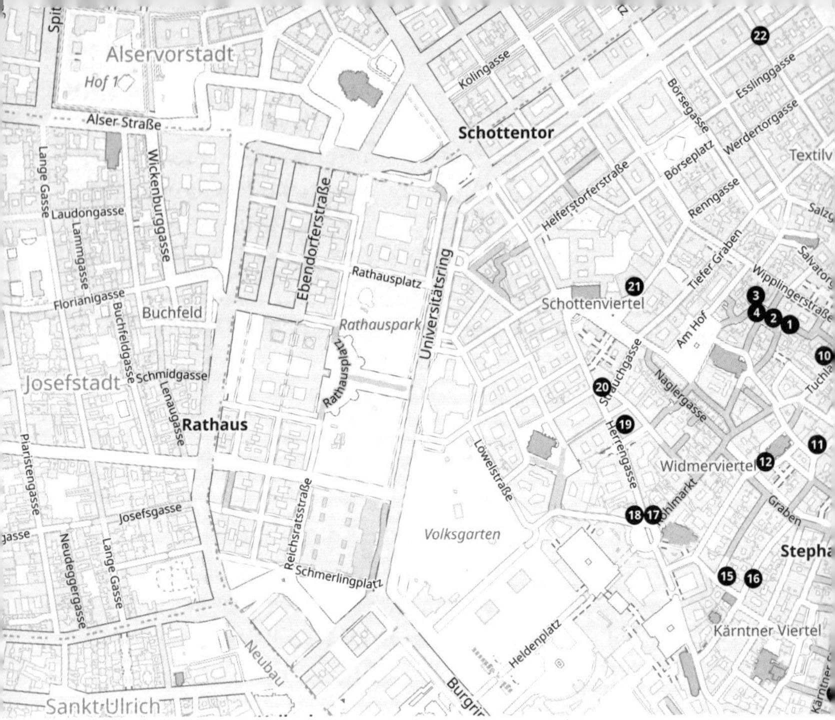

Innere Stadt

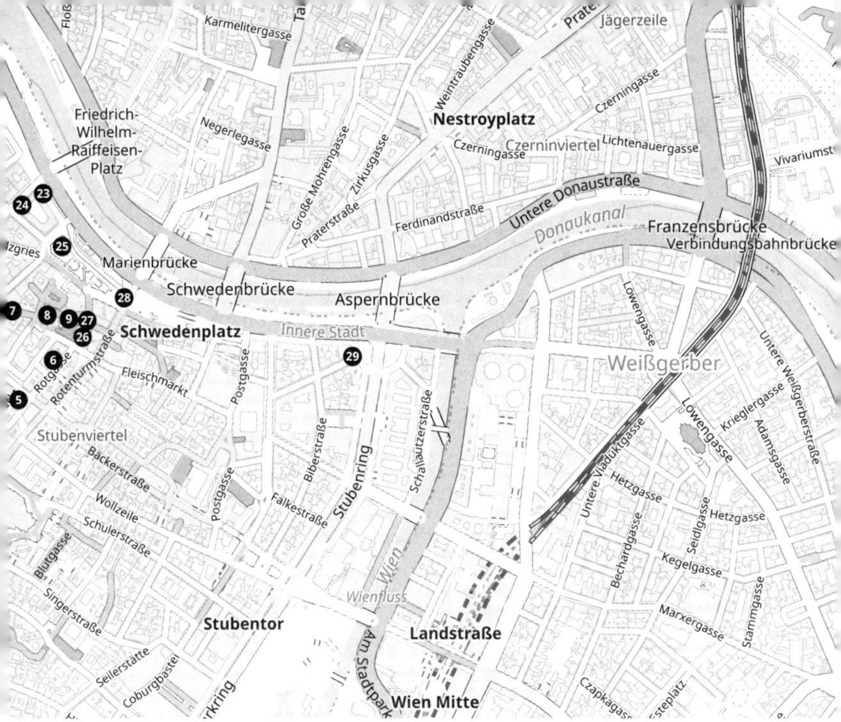
Karmelitergasse
Jägerzeile
Weintraubengasse
Czerningasse
Nestroyplatz
Friedrich-Wilhelm-Raiffeisen-Platz
Negerlegasse
Große Mohrengasse
Zirkusgasse
Czerningasse
Czerninviertel
Lichtenauergasse
Praterstraße
Ferdinandstraße
Untere Donaustraße
Donaukanal
Franzensbrücke
Verbindungsbahnbrücke
23
24
25
Marienbrücke
Schwedenbrücke
Aspernbrücke
28
7
8
9
27
26
Schwedenplatz
Innere Stadt
29
Löwengasse
Weißgerber
Untere Weißgerberstraße
6
Rotgasse
Rotenturmstraße
Fleischmarkt
Postgasse
5
Stubenviertel
Bäckerstraße
Biberstraße
Stubenring
Schallautzerstraße
Krieglergasse
Adamsgasse
Löwengasse
Untere Viaduktgasse
Hetzgasse
Wollzeile
Schulerstraße
Postgasse
Falkestraße
Blutgasse
Wien
Seidlgasse
Hetzgasse
Bechardgasse
Kegelgasse
Wienfluss
Singerstraße
Stubentor
Landstraße
Marxergasse
Stammgasse
Am Stadtpark
Seilerstätte
Coburgbastei
Wien Mitte

Jordan-Haus

I., Judenplatz 2

Das Jordan-Haus ist das älteste Gebäude am Platz und zeigt noch eine mittelalterliche Fassade. Der Name leitet sich vom ersten christlichen Besitzer Georg Jordan (?–1517) ab, der dieses Haus 1497 an der Stelle eines älteren Baus errichten ließ. Er war es wahrscheinlich auch, der an der Fassade ein Relief mit der Darstellung der Taufe Jesu im Jordan anbringen ließ. Das auf den ersten Blick harmlose mittelalterliche Relief trägt eine lateinische Inschrift, die auf die Vertreibung und Verbrennung der Juden in den Jahren 1420 und 1421 anspielt: »Durch die Fluten des Jordan wurden die Leiber von Schmutz und Übel gereinigt. Alles weicht, was verborgen ist und sündhaft. So erhob sich 1421 die Flamme des Hasses, wütete durch die ganze Stadt und sühnte die furchtbaren Verbrechen der Hebräerhunde. Wie damals die Welt durch die Sintflut des Deukalion gereinigt wurde, so sind durch das Wüten des Feuers alle Strafen verbüßt.«

Die Ereignisse der ersten Vertreibung der Juden aus Wien werden hier in einen heilsgeschichtlichen Kontext gestellt, der die Vertreibung und Verbrennung der Juden als eine Reinigung interpretiert. Die »furchtbaren Verbrechen« sprechen jene Vorwürfe an, die die katholische Kirche jahrhundertelang gegen die Juden erhob. Ausgehend vom Gottesmordvorwurf entwickelten sich Beschuldigungen von Ritualmord, Hostienschändung und Brunnenvergiftung, die immer wieder zu fürchterlichen Verfolgungen führten und auch im Falle der Gesera von 1420 und 1421 als Erklärungsmuster herangezogen wurden.

Nach langen Diskussionen über die Verantwortung der katholischen Kirche an der Verfolgung und Vernichtung von Juden entschloss sich die Erzdiözese Wien 1998, am Haus Judenplatz 6 eine Tafel anzubringen, die die Mitschuld der Kirche an mittelalterlichen Judenverfolgungen und der Shoah eingesteht.

Der bronzene Lessing von Siegfried Charoux (1896–1967) überblickt den Judenplatz.

Lessing-Denkmal

I., Judenplatz

1935 wurde auf dem Judenplatz ein von Siegfried Charoux geschaffenes Standbild des Dichters Gotthold Ephraim Lessing (1729–1781) aufgestellt, das im Jahr 1939 von den Nationalsozialisten zerstört wurde. Nach Kriegsende schuf Charoux ein weiteres Mal ein Lessing-Denkmal, welches 1968, nach seinem Tod, am Morzinplatz enthüllt und erst 1981 an seinen ursprünglichen Platz gestellt wurde.

Lessing weilte 1775/76 anlässlich einer Reise nach Leipzig, Berlin und Dresden auch in Wien und wurde von Kaiser Joseph II. in einer Audienz empfangen. In seinen Stücken verkörperte er den Geist der deutschen Aufklärung und engagierte sich für die Tolerierung der Juden. Einer von Lessings Mitstreitern und Freunden war Moses Mendelssohn (1729–1786), der Begründer der Haskala, der jüdischen Aufklärung. Ihm setzte Lessing mit der Titelfigur in *Nathan der Weise* ein Denkmal. In Wien gelangte das Werk zwar erst 40 Jahre nach seinem Erscheinen zur Uraufführung, dennoch nahm Lessing auch hier Einfluss auf das geistige Klima.

Juden im Mittelalter

Bereits 904 findet sich in der Raffelstätter Zollordnung die erste urkundliche Erwähnung von Juden im Raum Österreich, aber erst um das Ende des 12. Jahrhunderts wird in Wien ein Jude namens Schlom mit seiner Familie nachweisbar. Er arbeitete als Münzmeister für Herzog Leopold V. und wurde 1196 von durchziehenden Kreuzrittern erschlagen.

Um sich an einem bestimmten Ort niederzulassen, brauchten die Juden im Mittelalter in ganz Europa sogenannte Judenschutzbriefe, durch die die Herrscher ihnen gegen die Zahlung besonderer Abgaben Schutz garantierten. 1238 übertrug Kaiser Friedrich II. das für Juden im gesamten Reich geltende Recht in abgeänderter Form auf die Wiener Juden. 1244 stattete der Babenberger Friedrich der Streitbare die Juden Österreichs mit einem neuen, aktualisierten Privileg aus. Damit war die rechtliche Basis für eine größere Ansiedlung gelegt, die sich in der Nähe der Babenbergerresidenz im Bereich des heutigen Judenplatzes entwickelte. Im Gegensatz zum Ghetto des 17. Jahrhunderts, wo den Juden ein begrenzter Raum zur Niederlassung zugewiesen wurde, war die Wiener Judenstadt eine freiwillige Ansiedlung.

Ab Ende des 13. Jahrhunderts sind eine Synagoge, ein koscherer Fleischhof, ein rituelles Badehaus und ein Spital nachweisbar. Diese für eine Gemeinde unabkömmlichen Einrichtungen zogen weitere Juden an, die sich in der Judenstadt niederließen. Die Gemeinde entwickelte sich rasch zu einer der bedeutendsten im mitteleuropäischen Raum und brachte zahlreiche Gelehrte von überregionaler Bedeutung hervor. Genannt sei hier nur Rabbi Isaak bar Mosche, der nach seiner wichtigsten Schrift auch Or Sarua (Lichtsaat) genannt wird. Dieses Werk nimmt auch heute noch einen bedeutenden Rang in der rabbinischen Literatur ein.

Beruflich gab es für die Juden in ganz Europa zahlreiche Einschränkungen: Die wenigen Berufsmöglichkeiten, die ihnen offenstanden, waren das Kreditgeschäft und der Handel, sowie zusätzlich jene Berufe, die für ein funktionierendes Gemeindeleben notwendig sind, wie Rabbiner, Bäcker, Wirt oder Arzt.

Im Jahr 1421 starben etwa 200 bis 300 Juden in den Flammen eines Scheiterhaufens auf der Erdberger Gänseweide. Zeitgenössischer Holzschnitt.

Zu Beginn des 15. Jahrhunderts wurde die Situation der Juden zusehends schwieriger. Der christliche Antijudaismus einerseits, ökonomische Interessen andererseits führten 1420 und 1421 zur Vertreibung, zur sogenannten ersten Wiener Gesera. Ein Großbrand in der Judenstadt und nachfolgende Plünderungen minderten die Steuerkraft der jüdischen Gemeinschaft erheblich. Die Stimmung gegen die Juden erreichte schließlich anlässlich eines Feldzugs von Herzog Albrecht V. gegen die Hussiten – die erste gefährliche Opposition gegen die katholische Kirche – ihren negativen Höhepunkt. Die Wiener Juden wurden der Kollaboration mit dem Feind bezichtigt und mit der Zwangstaufe bedroht. Gemeindemitglieder, die sich nicht zur Taufe zwingen ließen, begingen im Herbst 1420 in der Synagoge Selbstmord. Die noch lebenden mittellosen Juden wurden ausgewiesen, die wohlhabenden im März 1421 bei lebendigem Leib öffentlich verbrannt. Nach der Zerstörung der Wiener Judenstadt gab es in Wien über einen Zeitraum von rund 150 Jahren kein jüdisches Leben mehr.

Museum Judenplatz

I., Judenplatz 8

Im sogenannten Misrachi-Haus befindet sich heute das Museum Judenplatz, das gleichzeitig mit der Enthüllung des Mahnmals von Rachel Whiteread im Jahr 2000 eröffnet wurde. Als Außenstelle des Jüdischen Museums Wien widmet es sich vorrangig der Geschichte des mittelalterlichen Judentums in Österreich.

Parallel zu den Vorbereitungen des Mahnmalwettbewerbs begannen 1995 archäologische Grabungen nach den Überresten der mittelalterlichen Synagoge. Die ersten Funde führten zu langwierigen Diskussionen darüber, ob nicht die Fragmente der Synagoge das geeignetere Mahnmal seien, da der mittelalterliche Antijudaismus der Vorläufer des Antisemitismus und in letzter Konsequenz der »Endlösung« gewesen sei.

Schlussendlich wurde ein Kompromiss gefunden, der es ermöglichte, Rachel Whitereads Mahnmal auf dem geschichtsträchtigen Ort zu belassen und die archäologischen Funde der Öffentlichkeit zugänglich zu machen. Über das Museum Judenplatz sind die Ausgrabungen nun unterirdisch zu besichtigen; das Museum bietet Informationen zu den Ausgrabungen und zur Geschichte der Wiener Juden im Mittelalter. Dabei wurden museologisch neue Wege beschritten: Synagoge und mittelalterliche Judenstadt wurden in digitaler Form rekonstruiert, verschiedenste Aspekte mittelalterlichen jüdischen Lebens sind an vier interaktiven Stationen mittels moderner Computertechnologie abrufbar.

Weiters sind Grabungsfunde sowie ein Modell des Gebetshauses und der Judenstadt zu sehen. Den eigentlichen Kern des Museums bilden dennoch die Überreste der im Jahr 1421 zerstörten Synagoge. Im Erdgeschoß ermöglicht eine vom Dokumentationsarchiv des österreichischen Widerstandes zusammengestellte Datenbank Recherchen über die 65 000 österreichischen jüdischen Opfer der Shoah und liefert Informationen über die historischen Hintergründe des Holocaust. Zudem finden in den ebenerdigen Räumlichkeiten regelmäßig Wechselaustellungen statt.

Mahnmal für die Opfer der Shoah

I., Judenplatz

Der Errichtung des Mahnmals für die 65 000 österreichischen Opfer der Shoah ging eine langwierige Diskussion voraus. Auslöser war das Mahnmal gegen Krieg und Faschismus von Alfred Hrdlička (1928–2009) auf dem Albertinaplatz, dessen »straßenwaschender Jude« von vielen als eine verewigte Erniedrigung empfunden wurde. 1994 machte Simon Wiesenthal (1908–2005) dem Wiener Bürgermeister Michael Häupl den Vorschlag, ein eigenes Mahnmal für die österreichischen jüdischen Opfer der Shoah zu errichten. Im Rahmen eines internationalen Wettbewerbs entschied sich die Jury für den Entwurf der britischen Künstlerin Rachel Whiteread – eine Stahlbetonkonstruktion, deren Außenflächen als nach außen gewendete Bibliothekswände gestaltet sind. Auf der Bodenplatte stehen die Namen jener Orte, an denen österreichische Juden während der NS-Herrschaft zu Tode kamen. Whiteread nahm die Charakterisierung des jüdischen Volks als »Volk des Buchs« als Leitthema für ihre Arbeit auf. Das Buch steht als Symbol für das Lernen und den Bestand jüdischer Tradition trotz Diaspora und Vertreibung. Das Konzept bezieht sich auch auf ein weiteres Motiv jüdischer Tradition, nämlich die Memorbücher (Jiskorbücher), in denen an das Leben wichtiger Gemeindemitglieder, aber auch an die Zerstörung jüdischer Gemeinden erinnert wurde und die somit gewissermaßen auch Mahnmale für die Opfer von Vertreibungen sind. Das Monument wurde am 25. Oktober 2000 in der Anwesenheit von Simon Wiesenthal und zahlreichen Vertretern der Wiener Stadtpolitik enthüllt und gemeinsam mit dem Museum Judenplatz der Öffentlichkeit übergeben.

Palais Arnstein

I., Hoher Markt 1

Die Familie Arnstein gehörte zu den alteingesessenen jüdischen Familien Wiens, deren Name bereits 1682 erwähnt wurde.

1795 wurde Nathan Adam von Arnstein für seine Verdienste um die Staatsfinanzen in den Adelsstand erhoben. Trotz seiner hervorragenden Stellung bei Hof unterlag aber auch er den diskriminierenden Bestimmungen, die es Juden verboten, Immobilien zu erwerben. Für den bedeutenden Finanzier wurde allerdings eine Ausnahme gemacht, und er konnte am Rande des Vororts Braunhirschen ein kleines Schlösschen erwerben, das als Arnstein'sches Schloss in die Annalen des 15. Bezirks einging. Heute findet der Interessierte dort nur mehr die Arnsteingassse.

Das Palais am Hohen Markt, an dessen Stelle sich heute ein karger Wohnbau aus den 1950er-Jahren erhebt, konnten die Arnsteins 1796 nur anmieten; es entwickelte sich aber dank Nathans Frau Fanny rasch zu einem Zentrum des Wiener Geisteslebens. Mit ihrem berühmten Salon durchbrach sie die Barriere zwischen Hochadel, Bürgertum und tolerierten Juden und verwirklichte in diesem engen Rahmen die jüdische Emanzipation. Hausbälle mit bis zu 400 Gästen, literarische Abende und Konzerte ließen Fanny zur ungekrönten Königin der Wiener Gesellschaft aufsteigen. Selbst Kaiser Joseph II. bezeichnete sie als Freundin und ließ es sich nicht nehmen, ihre Veranstaltungen höchstpersönlich zu besuchen. Einen Höhepunkt erlebte ihr Salon zur Zeit des Wiener Kongresses, als sich sämtliche Diplomaten dort zum informellen Gedankenaustausch zusammenfanden. Selbst Fürst Metternich, der diese Treffen durch seine Geheimpolizei überwachen ließ, verkehrte in ihrem Salon. 1814 führte Fanny von Arnstein einen in Wien noch unbekannten Berliner Brauch ein: Der erste Weihnachtsbaum Wiens wurde in ihrem Salon aufgestellt.

Henriette von Pereira-Arnstein (1780–1859) führte die Tradition ihrer Mutter fort. Ihr folgten weitere jüdische Salonièren wie Josephine von Wertheimstein (1820–1894) und deren Schwester Sophie von Todesco (1825–1895), die in der zweiten Hälfte des 19. Jahrhunderts die führende Rolle in der Wiener Literatur- und Theaterwelt übernahm.

Judengasse

Seit wann die Judengasse ihren Namen trägt, lässt sich nicht mehr genau rekonstruieren. »Judengasse« wurde jedenfalls vielerorts die Hauptverkehrsader eines jüdischen Viertels genannt. Nach der Vertreibung der Juden aus Wien im Jahr 1670 war es nur mehr einzelnen kaiserlich privilegierten Familien gestattet, sich in der Residenz niederzulassen. Trotz der geringen Anzahl der hier ansässigen jüdischen Familien gab es bald nach der Zerstörung des Ghettos wieder diverse Projekte, die Wiener Juden auf einem bestimmten Areal anzusiedeln.

1772 wurden einige Juden gezwungen, ein Haus in der Krugerstraße zu verlassen und in einen neuen Trakt des Hauses »Zum weißen Stern« am Kienmarkt zu übersiedeln – der Besitzer war Franz Anton von Sonnenfels (1735–1806), der Bruder Josephs von Sonnenfels (1732–1817). Wahrscheinlich geht der Name Judengasse auf die am Kienmarkt ansässigen Juden zurück.

Von der zweiten Hälfte des 19. Jahrhunderts bis zum Zweiten Weltkrieg war die Judengasse Ausläufer des sogenannten Textilviertels, auch Fetzenviertel genannt. Die damalige Aufhebung des Zunftzwangs führte zum Eintritt in den Detailhandel. Einer der bevorzugten Wirtschaftszweige von Juden war der Textilhandel, welcher rund um die Marc-Aurel-Straße und den Salzgries sein Zentrum fand.

Viele Geschäfte wurden 1938 »arisiert«, nur wenige der ursprünglichen Inhaber kehrten nach dem Zweiten Weltkrieg zurück. Heute erinnern oft nur mehr die Namen an den Geschäftsschildern an die einstigen jüdischen Besitzer.

Ein Schnäppchen in der Judengasse, 1920er-Jahre.

Ansichtskarte der Judengasse, bis 1938 ein Zentrum jüdischer Geschäftigkeit.

Etablissement L. W. (Leopoldi-Wiesenthal)

I., Rotgasse 5

1922 eröffneten Hermann (1888–1959) und Ferdinand (1886–1944) Leopoldi zusammen mit ihrem Conférencier Fritz Wiesenthal das Kabarett »Leopoldi-Wiesenthal«, kurz L. W. Das Etablissement stand wie die großen Varietés für ein unterhaltsames, humoristisches Programm mit kabarettistischen wie musikalischen Darbietungen im Zentrum. Als Souterrainlokal war das L. W. nicht auf ein elitäres Publikum ausgerichtet, nicht einmal Eintritt wurde kassiert. Es musste sich daher über die Konsumation der Gäste finanzieren. Schon im Jahr 1926 musste das Kabarett aus finanziellen Gründen wieder schließen – die Vergnügungssteuer machte es unwirtschaftlich.

Neben den Inhabern standen hier u. a. Charlotte Waldow (1883–1945), Franzi Ressel (1892–1968), Armin Berg (eigentlich Hermann Weinberger, 1883–1956), Hans Moser (eigentlich Johann Julier, 1880–1964), Szőke Szakáll (eigentlich Jenő Gerő, 1883–1955), Max Hansen (eigentlich Max Josef Haller, 1897–1961), Fritz Grünbaum (1880–1941), Karl Valentin (1882–1948), Raoul Aslan (1886–1958) und Otto Tressler (1871–1965) auf der Bühne.

Theodor Herzl (1860–1904) legte mit seiner Schrift *Der Judenstaat* die theoretischen Fundamente zur Gründung des Staats Israel.

Theodor-Herzl-Stiege

I., Sterngasse

Anlässlich des 100-jährigen Jubiläums der Veröffentlichung von Theodor Herzls Schrift *Der Judenstaat. Versuch einer modernen Lösung der Judenfrage* (1896) wurde hier eine Gedenktafel angebracht. Im besagten Text spricht sich Herzl für die Gründung eines eigenen jüdischen Staats aus. Ähnliche Ideen gab es zwar schon vor ihm, Herzl gilt jedoch als der Begründer des politischen Zionismus. 1897 organisierte er in Basel den ersten Zionistenkongress, dessen Ziel es war, die Ideen der Zionisten in die Praxis umzusetzen; publizistisches Organ der neuen Bewegung war die Zeitschrift *Die Welt.* Als geografischen Ort für einen jüdischen Staat bestimmte der Kongress aufgrund der engen Verbindung zur jüdischen Geschichte Palästina. Weiters wurde die Jüdische

Nationalbank ins Leben gerufen, die die ökonomischen Grundlagen für den zukünftigen Staat schaffen sollte. 1901 erfolgte die Gründung des Jüdischen Nationalfonds, aus dessen Einnahmen der Bodenerwerb in Eretz Israel finanziert werden sollte. Als persönliche Utopie seines Staats veröffentlichte Herzl 1902 den Roman *Altneuland*.

Die zionistische Bewegung wuchs in wenigen Jahren zu einer international anerkannten Organisation heran, die vor allem in Osteuropa zahlreiche Anhänger hatte. 1948 erfüllte sich Herzls Traum und der Staat Israel wurde gegründet. Herzl hat die Verwirklichung seiner Vision nie bezweifelt. Bereits anlässlich des ersten Zionistenkongresses notierte er in seinem Tagebuch: »Fasse ich den Baseler Kongress in einem Wort zusammen, das ich mich hüten werde, öffentlich auszusprechen, so ist es dieses: In Basel habe ich den Judenstaat gegründet. Wenn ich das heute laut sagte, würde ein universelles Gelächter antworten. Vielleicht in fünf Jahren, jedenfalls in 50 wird es jeder einsehen.«

Desider-Friedmann-Platz, Kornhäusel-Turm

I., Desider-Friedmann-Platz

Dieser Platz zwischen Judengasse und Seitenstettengasse wurde 1990 auf Beschluss des Wiener Gemeinderats nach dem Rechtsanwalt Desider Friedmann benannt. Dieser war ab 1922 im Vorstand der Israelitischen Kultusgemeinde Wien tätig und von 1933 bis 1938 deren Präsident. Sofort nach dem »Anschluss« wurde er festgenommen und ins Konzentrationslager Dachau deportiert. Nach Haft in verschiedenen Lagern wurde er im Oktober 1944 nach Auschwitz überstellt und dort ermordet.

Als Ausdruck wachsenden jüdischen Selbstbewusstseins in Wien wird seit einigen Jahren auf dem Desider-Friedmann-Platz anlässlich des Chanukkafests ein großer Chanukkaleuchter aufgestellt. Auf diesem Platz steht auch Wiens einst höchster Turm, den sich der Biedermeierarchitekt Josef Kornhäusel, der Erbauer des Stadttempels, als Atelier und Wohnhaus baute. Nach dem letzten Präsidenten der Kultusgemeinde wurde schon im Jahr

1956 eine Wohnhausanlage benannt, die sich an der Adresse der ehemals größten Wiener Synagoge, dem Leopoldstädter Tempel, befindet.

Stadttempel

I., Seitenstettengasse 4

Hinter der Fassade dieses bürgerlichen Stadthauses verbirgt sich die älteste noch existierende Synagoge Wiens, heute das Zentrum des jüdisch-religiösen Lebens der Stadt. Die bewegte Geschichte dieses Gebäudes beinhaltet zahlreiche Elemente, die den Umgang Wiens mit seiner jüdischen Bevölkerung deutlich machen.

Obwohl es sowohl in der mittelalterlichen Judenstadt als auch im Ghetto des 17. Jahrhunderts Synagogen gab, war es den Wiener Juden nach der Auflösung des Ghettos 1670 bis zu Beginn des 19. Jahrhunderts verboten, ihre Religion öffentlich auszuüben. Erst 1824 war es so weit, dass die Wiener Juden die Genehmigung erhielten, eine neue Synagoge zu errichten. Der Wiener Biedermeierarchitekt Josef Kornhäusel wurde mit dem Bau des Tempels beauftragt. Er plante einen längsovalen überkuppelten Zentralraum mit umlaufenden Galerien, die von monumentalen Säulen getragen werden und die Frauenemporen beherbergen. Die Architektur des Wiener Stadttempels ist Ausdruck der Konflikte zwischen traditionellen und assimilierten Juden. So war bereits die ovale Form der Synagoge untypisch für jüdische Sakralarchitektur. Die Bima stand nicht mehr in der Mitte des Raums, sondern wurde an den Rand gerückt und befand sich vor dem Thoraschrein. Max Eisler (1881–1937), einer der bekanntesten zeitgenössischen Theoretiker des Synagogenbaus, kritisierte den Stadttempel als »bourgeois und areligiös«; für ihn symbolisierte der Bau lediglich den »rationellen Humanismus«, der »draußen wie ein Zinshaus, drinnen wie ein Theater« aussehe und doch nichts anderes sei als »ein Mantel ohne Kern«.

Den im Vormärz geltenden Bauvorschriften von Joseph II. für nicht katholische Gotteshäuser entsprechend, war der Bau von der Straße aus nicht sichtbar, sondern hinter der Fassade

לשנה טובה תכתבה

eines Stadthauses versteckt. Diesem Umstand wiederum verdankt es die Synagoge, dass sie während der Novemberpogrome 1938, der sogenannten Reichskristallnacht, nicht angezündet wurde, da die Gefahr bestand, dass der ganze Häuserblock in Flammen aufgehen würde. Die von den Nationalsozialisten zerstörte Innenausstattung wurde rekonstruiert und im Jahr 1963 generalsaniert.

Die Eröffnung des Stadttempels im Jahr 1826 war auch ein Zeichen allmählicher gesellschaftlicher Anerkennung und wachsenden Selbstbewusstseins des Wiener Judentums. Isaac Noa Mannheimer wurde als bedeutender Prediger nach Wien geholt. Es gelang ihm, Reformen einzuführen, die sowohl von reformierter Seite als auch von orthodoxer Seite akzeptiert wurden. Unterstützt wurde er von dem jungen Kantor Salomon Sulzer (1804–1890), der die Synagogalmusik reformierte. Er fand mit seinen Kompositionen und durch seine Stimme weit über die Kreise der Judenschaft hinaus Anerkennung.

Mannheimer selbst war offiziell als Direktor der israelischen Religionsschule nach Wien gekommen, nur de facto war er als Rabbiner tätig. Er unterstützte die Revolution von 1848 und engagierte sich für die bürgerliche Gleichstellung der Juden. Obwohl Kaiser Franz Joseph I. bereits 1849 einer Abordnung von Juden gegenüber die Formulierung »israelitische Gemeinde von Wien« gebrauchte, kam es erst 1852 zur formalrechtlichen Anerkennung der Wiener Juden als Gemeinde. Im Jahr 1853 wurde Leopold von Wertheimstein (1801–1883) zum ersten Präsidenten gewählt.

Die Israelitische Kultusgemeinde übernahm es nun offiziell, für ihre Mitglieder ein soziales Netz von der Geburt bis zum Tod zu knüpfen: von Unterstützungen von Witwen und Waisen, Fürsorge für Arme und Berufsunfähige, Krankenpflege und Bestattung über Lehrhauseinrichtungen und Gewährung freien Unterhalts für mittellose Schüler beziehungsweise Rabbinatskandidaten bis hin zur Ausstattung armer Bräute. Auch heute noch verfügt die Kultusgemeinde über zahlreiche soziale Einrichtungen wie ein Altersheim und das psychosoziale Zentrum ESRA, aber auch Schulen und Kindergärten.

Die Konstituierung der Gemeinde und die sozialpolitischen Zugeständnisse, deren Höhepunkt die bürgerliche Gleichstellung der Juden durch das Staatsgrundgesetz war, machten Wien zum Anziehungspunkt für Juden aus allen Provinzen der Monarchie. Die Hoffnung auf wirtschaftliche und soziale Aufstiegschancen führte ab der Mitte des 19. Jahrhunderts zu einem sprunghaften Anstieg der jüdischen Bevölkerung (1860: 6200, 1869: 40 000, 1880: 73 000). 1938 lebten zirka 180 000 Juden in der Stadt; durch den NS-Terror wurden sie bis auf wenige Ausnahmen vertrieben oder umgebracht. Nach dem Zweiten Weltkrieg kamen kaum mehr Wiener Juden zurück, heute zählt die Kultusgemeinde etwa 8000 Mitglieder.

Die Synagoge ist im Rahmen von Führungen zu besichtigen. In diesem Gebäude befinden sich auch der Sitz der Israelitischen Kultusgemeinde und die Bibliothek des Jüdischen Museums Wien. Der angrenzende Seitenstettenhof stammt ebenfalls von Josef Kornhäusel.

David-Steuss-Wohnhaus

I., Tuchlauben 19

Fälschlicherweise wird die mittelalterliche Wiener Judenstadt immer wieder als Ghetto (also als erzwungene Ansiedlung) bezeichnet. Erwähnenswert ist deshalb dieses Haus, das außerhalb der mittelalterlichen Judenstadt lag. David Steuss war als Großfinanzier eine unersetzliche Stütze für die Politik Albrechts II. (1298–1358) und Rudolfs IV. sowie Albrechts III. und Leopolds III. (1351–1386). Er war der führende Kopf der mittelalterlichen Gemeinde und höchstwahrscheinlich auch der Finanzier der Erweiterung der Synagoge, die durch den großen Zuzug notwendig geworden war.

Oppenheimer-Haus

I., Bauernmarkt 1

Samuel Oppenheimer (1630–1703) versorgte als Lieferant das österreichische Heer. Zeitgenössischer Stich.

Das Haus stammt aus dem 16. Jahrhundert und wurde mehrmals umgestaltet. Hier lebte Samuel Oppenheimer mit seinen Angehörigen. Er war der erste Jude, der nach der zweiten Wiener Gesera 1670 eine Aufenthaltsgenehmigung in Wien erhielt. Im Jahr 1672 trat Oppenheimer seinen Dienst für Kaiser Leopold I. auf und leistete bis zu seinem Tod 1703 unbezahlbare und unbezahlte Arbeit. Im Gegenzug erhielt er ein Ansiedlungsprivileg für sich und seinen Hausstand. Im Jahr 1677 wurde er zum kaiserlichen Kriegsfaktor ernannt. In dieser Eigenschaft lieferte er ab 1683 gemeinsam mit Samson Wertheimer dem kaiserlichen Heer alles, was dieses für die Türkenkriege benötigte. Oppenheimer wurde unendlicher Reichtum nachgesagt, der aber mehr auf Legenden beruhte als der Realität in barem Geld zu entsprechen. Riesig war nur der Kredit Oppenheimers, der schließlich mit dem der Hofkammer ident war. Da sich die Eintreibung der Außenstände häufig sehr schwierig gestaltete, stand er mehrmals vor dem finanziellen Ruin. Von der Finanzkammer bekam er oft kein Bargeld zurückerstattet, sondern musste deren Anweisungen selbst eintreiben, was sich teilweise über Jahre hinzog. Weigerte er sich, die Bedingungen der Hofkammer zu akzeptieren, wurde er unter Druck gesetzt, indem man ihm mit dem Entzug der Aufenthaltsgenehmigung drohte.

Die Wiener Bevölkerung stand dem jüdischen Hoffaktor feindlich gegenüber, war er es doch, der dem Hof durch Lieferungen von Delikatessen und Luxusgütern ein Leben in Saus und Braus ermöglichte, während sie selbst hungerte. Im Jahr 1700 entlud sich der Volkszorn an Oppenheimer; sein Haus wurde geplündert und er selbst entkam nur knapp dem Tod. Zwar wurden die Rädelsführer zur Verantwortung gezogen und am Eingangsgitter des Hauses gehängt, der entstandene Schaden konnte allerdings nicht wiedergutgemacht werden.

Oppenheimers unermüdliche Tätigkeit für den Kaiser wurde ihm und seiner Familie nicht gedankt. Nach seinem Tod im Jahr 1703 wurde über sein Vermögen der Konkurs verhängt. Die Schulden beliefen sich auf fünf Millionen Gulden – ein Betrag, der sich ungefähr mit den Außenständen der Hofkammer deckte. Sein Sohn übernahm die Geschäfte, konnte die Stellung des Vaters allerdings nicht halten. Als er im Jahr 1721 verstarb, war das Haus Oppenheimer zahlungsunfähig. Seine Witwe hinterließ ein Barvermögen von zehn Gulden und 38 Kronen.

Wertheimer-Haus

I., Petersplatz

Ein Großteil der jüdischen Hoffaktoren hatte sich im Bereich des Petersplatzes und des angrenzenden Bauernmarkts eingemietet. Samson Wertheimer bewohnte am Petersplatz das heute nicht mehr genau lokalisierbare Mazische Haus auf dem Peter. Er war im Gefolge von Samuel Oppenheimer als dessen Geschäftspartner nach Wien gekommen. Relativ bald emanzipierte er sich jedoch von Oppenheimer und begann auf eigene Rechnung zu arbeiten. Anders als sein ehemaliger Partner war er in seinen Transaktionen äußerst vorsichtig und beschränkte sich auf die Vermittlung benötigter Kapitalien. Von riskanten Liefergeschäften im Stil Oppenheimers hielt er sich fern.

Nach dessen Tod 1703 wurde Wertheimer zum Oberhoffaktor ernannt und war von da an alleiniger Kreditgeber des Hofs. Durch erfolgreich beendete diplomatische Missionen gewann er das Vertrauen von Leopold I., wodurch es ihm immer wieder möglich war, als Fürsprecher für andere Juden aufzutreten. So gelang

Hoffaktoren

Bereits kurz nach dem Ausweisungsbefehl im Jahr 1670 zeigte sich, dass die Vertreibung der Juden bedeutende Verluste und Einnahmenausfälle für die kaiserliche Finanzkammer mit sich gebracht hatte. Die Wiener Bürger hatten zwar versprochen, die Schutzgelder der Juden zu ersetzen, waren aber kaum in der Lage, ihre eigenen Steuern aufzubringen. Die Hofkammer sprach sich daher für eine neuerliche Zulassung von Juden in Wien aus – sie bedauerte den Verlust der Juden besonders als Mittler zwischen Geldgeber und Geldnehmer: Als sich noch Juden in Wien aufhielten, sei es möglich gewesen, innerhalb von 24 Stunden bis zu 100 000 Gulden für die Kammer aufzutreiben. Seit der Vertreibung sei es nicht mehr möglich, innerhalb einiger Wochen auch nur 10 000 Gulden aufzutreiben. Weiters beklagte sich die Hofkammer, dass die Vermittler solcher Darlehen weit höhere Gebühren verlangen würden als die Juden.

1673 holte Kaiser Leopold I. ein Urteil der theologischen Fakultät ein, um sich eine Wiederaufnahme der Juden bestätigen zu lassen.

Da Leopold keine allgemeine Aufenthaltsgenehmigung erließ, begann eine äußerst demütigende Epoche, in der einzelne Personen – abhängig von ihrer ökonomischen Nützlichkeit – zeitlich begrenzte Privilegien erhielten. Die wenigen Inhaber dieser Privilegien glichen sich in ihren Lebensformen zumeist dem Adel an, hielten jedoch am traditionellen jüdischen Leben fest. Samuel Oppenheimer bewirtete in seinem Haus täglich Juden, die sich vorübergehend in Wien aufhielten, und Samson Wertheimer gilt noch heute als großer jüdischer Wohltäter und Gelehrter, dessen Andenken in Ehren gehalten wird. Beide galten ihren jüdischen Zeitgenossen als vorbildliche Männer, da sie immer wieder ihren Einfluss bei Hof nutzten, um sich für ihre weniger glücklichen Glaubensgenossen einzusetzen.

Samson Wertheimer trug ab 1703 den Titel Oberhoffaktor. Zeitgenössischer Stich.

es ihm, das Erscheinen des Buchs *Entdecktes Judenthum*, einer berüchtigten Sammlung antijüdischer Vorwürfe von Johann Andreas Eisenmenger (1654–1704), in Österreich durch den Hof in Wien verbieten zu lassen. Neben seiner geschäftlichen Tätigkeit setzte Wertheimer seine in jungen Jahren begonnenen rabbinischen Studien fort – talmudische Vorträge und Predigten sind erhalten geblieben. Als Landesrabbiner von Ungarn engagierte er sich besonders für die westungarischen Gemeinden im heutigen Burgenland. Von der Gemeinde in Eisenstadt wurde er aus diesem Grund zum Ehrenrabbiner ernannt. Nach den blutigen Kuruzzenüberfällen sorgte er für die Wiedererrichtung der Gemeinde. Das Wertheimerhaus in Eisenstadt, in dem sich heute das Österreichische Jüdische Museum befindet, erinnert daran.

Stephansdom

I., Stephansplatz

Den Dom in seiner Baugeschichte zu beschreiben wollen wir hier unterlassen. Wir möchten uns auf ein kleines Detail konzentrieren. Betrachtet man das Hauptportal, das Riesentor, genauer, sieht man über den Ziersäulen Darstellungen der Sinnbilder des menschlichen Übels: Fabeltiere, Drachen, einen Affen, einen Greif, Taube und Adler, Löwen und menschliche Gestalten fratzenhafter Anmutung, sogar die Darstellung eines Mords. Aufgabe dieses Frieses sollte es sein, böse Dämonen von der Kirche fernzuhalten. Unter diesen Wesen findet sich auch ein Mann mit einem Hut, dessen Spitze abgebrochen ist. Dies ist der ge-

Sinnbilder menschlichen Übels – darunter als Zeugnis kirchlichen Antijudaismus ein Jude mit Hut – sollen böse Dämonen vom Stephansdom fernhalten.

hörnte Judenhut, den Juden nach der Wiener Synode von 1267 als Erkennungszeichen tragen mussten. Das Detail ist beredtes Zeugnis des kirchlichen Antijudaismus, der vom Mittelalter bis teilweise in die heutige Zeit den Umgang der katholischen Kirche mit den Juden prägte. Der Jude wird mit dem Bösen gleichgesetzt, vor dem es sich zu schützen galt.

Cabaret Fledermaus

I., Kärntner Straße, Ecke Johannesgasse

Hier befand sich einst Wiens erstes Kabarett, das 1906 unter dem Namen Das Nachtlicht eröffnet und kurz danach in Cabaret Fledermaus umbenannt wurde. Das Interieur des Hauses stammte von der berühmten Wiener Werkstätte, für den Theaterraum war der Star des Wiener Jugendstils, Josef Hoffmann (1870–1956), verantwortlich. Zwei Hauptautoren des Cabaret Fledermaus waren Egon Friedell (1878–1938) und Alfred Polgar (1873–1955).

Polgar flüchtete nach der Machtergreifung Adolf Hitlers (1889–1945) mit seiner Frau zunächst nach Prag und dann in die USA. Er gehörte zu den wenigen jüdischen Emigranten, die nach dem Krieg zurückkehrten – allerdings nicht nach Wien, sondern nach Zürich, wo er 1955 starb. Das Schicksal der Emigranten fasste er mit folgenden Worten zusammen: »Die Fremde ist nicht Heimat geworden. Aber die Heimat Fremde.«

Bankhaus Arnstein & Eskeles

I., Bräunerstraße 9

Nathan Adam von Arnstein gründete zusammen mit Salomon von Herz (1743–1825) und Bernhard von Eskeles das Bankhaus Arnstein & Eskeles, das 30 Jahre hindurch das führende österreichische Geldinstitut war. Die Tatsache, dass das Haus wesentlich an der Finanzierung des Kriegs gegen Napoleon (1769–1821) beteiligt war, würdigte dieser auf seine eigene Weise: Nach der Besetzung Wiens 1809 war der Firmensitz in der Bräunerstraße das erste Haus, das von den Truppen des französischen Kaisers in Brand gesetzt wurde. Kurzfristig besaßen die Bankiers das Palais Eskeles in der Dorotheergasse 11, in dem heute das Jüdische Museum untergebracht ist. 1859 brach das Bankinstitut aufgrund der schlechten wirtschaftlichen Situation zusammen.

Prozessionszug vor dem Bankhaus Arnstein & Eskeles. Stich um 1840.

Nobilitierung

Als Folge des Toleranzpatents wurden im Laufe des 19. Jahrhunderts einige jüdische Industrielle – auch unter Beibehaltung ihres Glaubens – aufgrund ihrer Verdienste für den Staat in den Adelsstand erhoben. Dieser soziale Aufstieg bedeutete zwar die Anerkennung durch die Gesellschaft und damit einen Aufstieg auf der sozialen Sprossenleiter, konnte jedoch nicht verbergen, dass Juden nach wie vor nur toleriert waren und keineswegs frei über Ort und Dauer ihres Aufenthalts entscheiden konnten. Wie stark aus diesem Grund die Fluktuation der in Wien ansässigen Familien war, machen folgende Zahlen deutlich: 1787 wurden in Wien 66 tolerierte Familien gezählt, 60 Jahre später, im Jahre 1847, waren von diesen 66 Familien nur mehr zwei in Wien anzutreffen. Denn wenn der tolerierte Familienvater starb, mussten meist sämtliche Angehörigen Wien verlassen. Auch das Recht, Grund und Boden zu kaufen, blieb den Tolerierten und selbst den Adeligen noch bis 1860 verwehrt.

Dennoch gab es 1821 bereits neun adelige jüdische Familien in Wien, die aufgrund ihres großen wirtschaftlichen Erfolgs nobilitiert wurden. Die rasche Anpassung an die veränderte Weltwirtschaftslage und an sich wandelnde Produktionsformen war nicht nur Basis ihres persönlichen Wohlstands, sondern ermöglichte es, dass Österreich mit den internationalen ökonomischen Entwicklungen mithalten konnte.

Die Nobilitierung und die damit parallel erfolgte Anerkennung zahlreicher jüdischer Familien setzte die Assimilation in die dominierende Gesellschaft voraus, was in letzter Konsequenz bei vielen Familien zu einer Abkehr von der jüdischen Religion führte.

Jüdisches Museum der Stadt Wien

I., Dorotheergasse 11

Das Jüdische Museum Wien, 1988 gegründet, war zunächst provisorisch in den Räumlichkeiten der Israelitischen Kultusgemeinde untergebracht. 1993 zog es ins Palais Eskeles, 1996 wurde es nach mehrmonatigen Umbauarbeiten durch das Architektenteam Eichinger oder Knechtl wiedereröffnet.

Wichtigstes architektonisches Element der Neugestaltung ist eine Kuppel, die den ehemaligen Innenhof des Hauses überspannt und eine räumliche Verbindung vom Erdgeschoß zum zweiten Stock schafft. Das dadurch entstandene Auditorium bietet Raum für Veranstaltungen. Für die dortigen Wände schuf die US-amerikanische Künstlerin Nancy Spero (1926–2009) die »Installation der Erinnerung«, die das Grundthema des gesamten Hauses anspricht – Gedenken und Erinnern. Damit wird nicht nur ein zentrales Thema der jüdischen Religion aufgegriffen, sondern auch eine gedankliche Verbindung zu Max Bergers (1924–1988) Sammlung hergestellt. Kollektive und individuelle Erinnerung an religiöse und geschichtliche Erfahrungen wird hier als Basis des Judentums thematisiert.

Max Berger, dessen gesamte Familie in der Shoah getötet wurde, sammelte in Erinnerung an seine ermordete Verwandtschaft. Seine Kollektion umfasste an die 10 000 Objekte. Nach dem Tod Bergers im Jahr 1988 erwarb die Stadt Wien seinem Testament gemäß den Großteil der Bestände für das damals bereits geplante Jüdische Museum.

2011 folgten neuerliche Sanierungs- und Adaptionsmaßnahmen des gesamten Gebäudekomplexes durch das Architekturbüro projectA01 architects. Dabei wurde das Auditorium vom Erdgeschoß in den zweiten Stock verlegt, das Schaudepot im dritten Stock konzeptionell überarbeitet und durch mediale Installationen erweitert. An die Außenwand wurde eine Lichtinstallation der österreichischen Künstlerin Brigitte Kowanz angebracht, bei der das Wort »Museum« in hebräischer Schrift von der Fassade leuchtet.

In der Konzeptionsphase zu einer neuen Dauerausstellung wurde mit der partizipativen temporären Schau *Wien. Jüdisches Museum. 21. Jahrhundert. Sieben Fragen auf dem Weg zu einer neuen Dauerausstellung* den Museumsbesuchern die Möglichkeit gegeben, sich an der kuratorischen Arbeit zu beteiligen. Das Ergebnis ist die permanente Ausstellung *Unsere Stadt! Jüdisches Wien bis heute*, welche im Erdgeschoß zu sehen ist. Sie wurde 2013 anlässlich des 25-jährigen Jubiläums der Museumsgründung sowie des 20. Jahrestages der Eröffnung im Palais Eskeles eröffnet.

Der erste Stock des Museums ist den zahlreichen Wechselausstellungen des Hauses gewidmet. Als Ergänzungen zur Dauerausstellung vermitteln sie die vielfältigen Facetten jüdischen Lebens in Gegenwart und Vergangenheit Wiens.

Im zweiten Stock schaffen die verschiedenen Sammlungen des Museums einen Ort des Gedenkens und Erinnerns, der einzelne Momente jüdischer Geschichte in Wien ins Gedächtnis zurückrufen und gleichzeitig den Dialog mit der Gegenwart ermöglichen soll. Die Themen der österreichisch-jüdischen Geschichte reichen von der mittelalterlichen Gemeinde über das Ghetto, die Emanzipation in der bürgerlichen Gesellschaft bis zum Antisemitismus und zur Shoah. Der Neubeginn nach 1945 wird ebenso thematisiert. Die Sammlung Martin Schlaffs von antisemitischen Objekten, welche hier ebenfalls zu sehen ist, wurde so in den Vitrinen positioniert, dass die Objektvorderseite nur über Spiegel an den Rückwänden der Schaukästen betrachtet werden kann. Damit wird der Betrachter gezwungen, sich gleichzeitig mit seinem eigenen Spiegelbild auseinanderzusetzen.

Im dritten Stock befindet sich das Depot des Jüdischen Museums, das den Besuchern als Schauraum zugänglich ist. Es beherbergt mehrere große Sammlungen – einen Teil der bereits erwähnten Sammlung Berger, die Sammlung des alten Jüdischen Museums sowie eine große Zahl von heterogenen Objekten, Schenkungen und Zufallsfunden, die keine Sammlung im herkömmlichen Sinne darstellen. Sie stammen aus Bethäusern, Synagogen und Privathaushalten aus Wien, aber auch aus den österreichischen Bundesländern, und wurden zwischen 1938 und 1945 aus ihrem angestammten Verwendungszusammenhang herausgerissen und teilweise mutwillig zerstört. Das Archiv umfasst offizielle und private Dokumente, religiöses und politisches Schrifttum sowie Alltägliches und Künstlerisches auf Papier – für wissenschaftliche Recherchen ist es nach Voranmeldung zugänglich.

Zurück im Erdgeschoß, findet man das Café Eskeles, welches nach dem Wiener Rabbinersohn Bernhard (Berusch) von Eskeles benannt ist. Von 1823 bis 1827 befand sich das Palais in der Dorotheergasse 11 im Besitz des Bankhauses Arnstein & Eskeles. Im Café bekommen die Gäste neben allen Arten von Kaffee und Wiener Mehlspeisen auch koscheren Wein aus Österreich und Israel, mediterrane, israelische und jüdische Spezialitäten sowie echte Bagels. Den Besuchern steht zudem eine große Auswahl an österreichischer Presse und internationalen jüdischen Zeitungen zur Verfügung. Im Museumsshop Gottfried & Söhne findet man die museumseigenen Ausstellungskataloge, Bücher sowie israelische Designprodukte.

Loos-Haus

I., Michaelerplatz 3

Wiener Juden waren für zahlreiche bedeutende Gebäude des Stadtbilds als Bauherren verantwortlich. Im Gegensatz zur erzwungenen Mitfinanzierung der Hofbibliothek, der Karlskirche oder des Schlosses Schönbrunn ist das Loos-Haus eines der Beispiele dafür, wie vorausblickende, wagemutige jüdische Bauherren ein Stück österreichischer Architekturgeschichte mitgeschrieben haben.

Die Besitzer der Kleiderfirma Goldman & Salatsch schrieben 1909 einen Ideenwettbewerb für ein Geschäftshaus aus, dessen Ergebnisse jedoch nicht gefielen. Daher bekam der junge Wiener Architekt Adolf Loos (1870–1933), der zuvor für den Herrenausstatter bereits ein Lokal in der Innenstadt gestaltet hatte, den Auftrag für sein erstes Haus. Bei der Planung dieses mehrgeschoßigen Geschäftsgebäudes konnte Loos seine radikalen Vorstellungen von moderner Architektur umsetzen. In bewusstem Gegensatz zum

Adolf Loos (li.) und Peter Altenberg (1859–1919) (re.).

knapp zehn Jahre zuvor im Stil der Ringstraßenarchitektur errichteten Palais Herberstein verzichtete Loos bei der Ausstattung des Wohntrakts auf jegliches Dekor. Noch während des Baus kam es zu so starken Protesten, dass ein Baustopp verhängt wurde. Die behördliche Genehmigung zum Weiterbau erfolgte, als im Grundbuch festgehalten wurde, dass nachträglich angebrachte Blumentöpfe mit lebenden Pflanzen zu bestücken seien. 1912 war der Bau des Gebäudes abgeschlossen. Nimmt man die Blumentröge ab, zeigen sich die Fensterlaibungen ohne Schmuck. Der Wiener Volksmund nannte das Loos-Haus bald das »Haus ohne Augenbrauen« oder schlichtweg einfach nur den »Stadel«. Der Überlieferung nach soll auch Kaiser Franz Joseph I. mit dieser Art von Architektur so unzufrieden gewesen sein, dass er nach der Fertigstellung des Gebäudes die Vorhänge seines Schlafgemachs gegenüber dem Loos-Haus nie mehr geöffnet habe, um dadurch seinem Widerwillen Ausdruck zu verleihen. Das Loos-Haus gilt heute als Beginn der Moderne in der österreichischen Architektur.

Leopold Goldman selbst ließ sich durch die anfänglichen Proteste im Übrigen nicht beirren – Adolf Loos gestaltete auch das Interieur seines privaten Wohnhauses.

Café Griensteidl

I., Kohlmarkt 14

Untrennbar mit Wien verbunden ist das Wiener Kaffeehaus, das in seiner Ausprägung als Literatencafé Eingang in die Geistesgeschichte der Stadt gefunden hat. Meist war ein Café das jeweils führende seiner Epoche. Eines der ersten wichtigen Literatencafés befand sich in dem Gebäude, an dessen Stelle heute das von Carl König (1841–1915) erbaute Palais Herberstein steht – das Café Griensteidl. Zahlreiche Schließungen, Neueröffnungen und Umbenennungen hatte das Kaffeehaus im Laufe der Zeit erlebt, bis es 2017 – neuerlich unter dem Namen Café Griensteidl – schließen musste. Der Versuch einer Reinkarnation des legendären Etablissements als Café Klimt scheiterte kurz nach seiner Eröffnung. Heute befindet sich an dieser Stelle die Filiale eines Lebensmittelkonzerns.

Bis zu seiner ersten Schließung war das Griensteidl der beliebteste Treffpunkt der literarischen Runde des Jung-Wien. Wie herzlich das Verhältnis zwischen der Kaffeehausbesitzerin Susanna Griensteidl (1826–1899) und ihren Gästen war, zeigt der Abschiedsbrief, den sie an ihre Stammkunden schrieb, als sie 1897 aufgrund des Abrisses des Gebäudes ihr Gewerbe aufgeben musste. Dieser Abbruch inspirierte Karl Kraus (1874–1936) zu dem Titel *Die demolirte Litteratur* für eine noch vor der Gründung seiner Zeitung *Fackel* erschienene Streitschrift, in der er die Schriftsteller des Jung-Wien gnadenlos bloßstellte.

Einer der zahlreichen Stammgäste des Cafés war der in Budapest geborene Schriftsteller und Journalist Felix Salten (zuvor Siegmund Salzmann, 1869–1945). Er verkehrte jedoch gerne auch abseits der Literatenhochburgen, besonders seit er Karl Kraus für dessen oben erwähnte Schrift geohrfeigt hatte.

Salten ist der Nachwelt in erster Linie durch sein von Walt Disney (1901–1966) verfilmtes Buch *Bambi. Eine Lebensgeschichte aus dem Walde* (1923) bekannt. Zu größerer Bekanntheit gelangte der Schriftsteller auch durch den Umstand, dass das anonym veröffentlichte pornografische Werk *Josefine Mutzenbacher. Der*

Roman einer Wiener Dirne (1906) lange Zeit ihm zugeschrieben wurde. Die Autorschaft Saltens galt in diesem Zusammenhang zwar als »gesichtert«, konnte jedoch widerlegt werden. Die Frage der Urheberschaft ist aber nach wie vor ungeklärt, manche Literaturhistoriker vermuten gar eine Autorin hinter dem Text.

In der Novelle *Simson. Das Schicksal eines Erwählten* (1928) und in der Essaysammlung *Neue Menschen auf alter Erde. Eine Palästinafahrt* (1925) kam Felix Saltens jüdische Identität zum Ausdruck. 1938 emigrierte er in die Schweiz und starb 1945 in Zürich.

Café Herrenhof

I., Herrengasse 10

Nach dem Ersten Weltkrieg entwickelte sich das Café Herrenhof, in dem u. a. Hermann Broch (1886–1951), Max Brod (1884–1968), Egon Friedell, Hugo von Hofmannsthal und Alfred Polgar verkehrten, zum führenden Literatencafé: »Denn das Café Herrenhof, Wiens letztes Literatencafé, trat erst im Jahre 1918 ins Leben, ungefähr gleichzeitig mit der Republik Österreich. Und ähnlich wie die Republik das Erbe der Monarchie antrat, trat das Café Herrenhof das Erbe des ihm unmittelbar benachbarten Café Central an«, schrieb Friedrich Torberg (1908–1979).

Auch Joseph Roth (1894–1939) zählte das Café Herrenhof zu seinen Lieblingscafés. Hier lief er im Kreis seiner Freunde zur Höchstform auf, kommentierte täglich die neuesten Zeitungsartikel und unterhielt die anwesenden Gäste durch seine scharfzüngigen Kommentare. Nach dem Zweiten Weltkrieg erlebte das Herrenhof kurzfristig noch ein Aufblühen, 1960 wurde es endgültig geschlossen.

Café Central

I., Herrengasse 14

Nach dem Abbruch des Café Griensteidl zogen die Stammkunden ins nahe gelegene Café Central, das bis zum Ersten Weltkrieg der führende Literatentreffpunkt Wiens war. Betritt man das

Literaten auf Reisen: Karl Kraus (li.) und Peter Altenberg (re.) am Lido von Venedig, 1913.

Café Central durch den Haupteingang, fällt zur Rechten ein Zeitung lesender Herr auf, der sich bei genauerem Hinsehen als recht leblos erweist. Diese Figur stellt den bekanntesten Stammkunden des Hauses dar, den Schriftsteller Peter Altenberg. In welchem Ausmaß das Wiener Kaffeehaus für viele Zeitgenossen zum Ersatzwohnzimmer geworden war, wird dadurch deutlich, dass viele Schriftsteller als Postanschrift ihr Stammcafé angaben. Peter Altenberg ging einen Schritt weiter und gab das Café Central für einige Jahre sogar als seine Wohnadresse an.

Altenberg, mit bürgerlichem Namen Richard Engländer, wurde als Sohn eines jüdischen Kaufmanns in Wien geboren. Die Wahl eines Pseudonyms mag als Teil seiner Selbstinszenierung als Künstler verstanden werden, stellt jedoch auch den Versuch dar, mit dem Taufnamen seine Zugehörigkeit zum Judentum abzulegen. Nicht zufällig zählten zu Altenbergs engen Freunden der konvertierte Jude Karl Kraus und dessen Taufpate Adolf Loos.

Nach einigen Semestern des Studiums der Rechtswissenschaften und der Medizin begann Altenberg erst relativ spät zu schreiben: 1896 erschienen seine Prosaskizzen *Wie ich es sehe*. Altenberg verfasste auch Sketches und Gedichte für das Cabaret Fledermaus.

Max Oppenheimer (1885–1954) porträtierte neben vielen anderen auch Peter Altenberg. Mopp, wie er sich selbst nannte, zählte bis zu seiner Emigration 1938 zu den bedeutendsten Künstlern der österreichischen Avantgarde und schuf gemeinsam mit Egon Schiele (1890–1918) eine österreichische Variante des Expressionismus. 1916 nahm er an der ersten Dada-Ausstellung in Zürich teil und integrierte später auch Elemente des Kubismus in sein Werk. Neben zahlreichen Künstlerporträts machten ihn vor allem seine Musikerdarstellungen berühmt. Von der NS-Kulturpolitik als »entartet« diffamiert, wurden seine Bilder aus sämtlichen Kunstsammlungen entfernt und in alle Welt zerstreut. Mopp geriet zunehmend in Vergessenheit und wurde erst in den letzten Jahrzehnten wiederentdeckt und neu bewertet.

Ein Gast, dessen Anwesenheit in Wien nicht so bekannt ist, war Leo Trotzki (eigentlich Lew Dawidowitsch Bronstein, 1879–1940). Er lebte mit seiner Frau und seinen beiden Söhnen von 1907 bis 1914 mit Unterbrechungen in Wien und pflegte im Café Central Schach zu spielen. Seine Arbeit in Wien nannte er »theoretische Wegbereitung einer zweiten russischen Revolution«. Wegen des Kriegsausbruchs 1914 musste er Wien verlassen und in die Schweiz gehen. Als legendär gilt der Kommentar eines hohen österreichischen Staatsbeamten, der Meldungen über den Ausbruch der Oktoberrevolution 1917 mit der abschätzigen Bemerkung quittierte: »Wer soll denn diese Revolution machen? Vielleicht der Herr Trotzki aus dem Café Central?«

Weitere bekannte Gäste waren Stefan Zweig (1881–1942), Franz Werfel (1890–1945), Egon Friedell, Hugo von Hofmannsthal, Franz Kafka (1883–1924) und Alfred Polgar.

Jung-Wien

Die Literatur der Wiener Moderne stellt sich der Nachwelt vor allem durch den Kreis des sogenannten Jung-Wien dar. Diese Runde bildete sich im lockeren Zusammenhalt im Café Griensteidl um Hermann Bahr (1863–1934), der ihr Wortführer war und mit seiner Aufsatzsammlung *Zur Kritik der Moderne* auch die theoretischen Grundlagen legte. Ziel war es, eine ästhetisch ausgerichtete, impressionistische und vom Naturalismus abgesetzte Kunst zu schaffen. Zum Jung-Wien-Kreis gehörten hauptsächlich Literaten, die Juden waren oder jüdische Wurzeln besaßen, wie Arthur Schnitzler (1862–1931), Stefan Zweig, Hugo von Hofmannsthal, Peter Altenberg, Richard Beer-Hofmann (1866–1945), Felix Salten, Leopold Andrian (1875–1951) und Felix Dörmann (1870–1928). Sie alle begründeten den literarischen Weltruhm Wiens um die Jahrhundertwende.

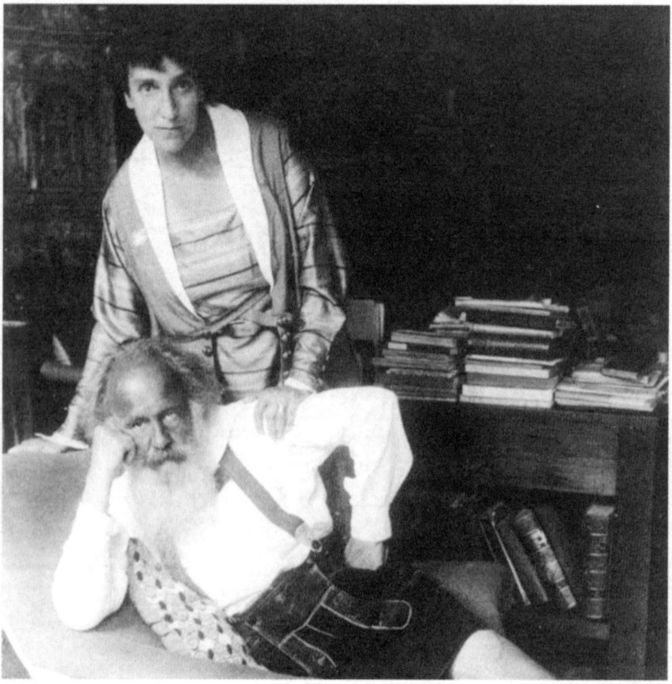

Hermann Bahr mit seiner Frau, der Opernsängerin Anna Bahr-Mildenburg (1872–1947), 1923.

Hotel »Zum Römischen Kaiser«

I., Renngasse 1

Hier stand das Hotel, in dem Salomon Meyer von Rothschild lebte, der Begründer des Wiener Zweigs der Familie Rothschild. Er ließ sich 1817 in Wien nieder, gründete eine Bank und wurde bereits zwei Jahre später für seine Verdienste geadelt. Durch die Finanzierung der ersten Eisenbahnbauten gehörte das Bankhaus zu den großen Förderern der Industrialisierung der Habsburgermonarchie.

Mit Anleihegeschäften organisierte Rothschild den Staatshaushalt der Monarchie und war eine der wichtigsten Stützen des Metternich'schen Regimes. Während sich auffallend viele Juden in der Hoffnung auf bürgerliche Gleichstellung in der Revolution von 1848 engagierten, unterstützte Rothschild die reaktionären Kräfte. Er finanzierte Metternichs Flucht aus Wien und musste ein halbes Jahr später selbst fliehen, konnte aber nach der Niederschlagung der Revolution wieder zurückkehren.

Obwohl geadelt, durfte Rothschild wie alle Juden in Wien keinen Grundbesitz in der Stadt erwerben. Erst als er 1843 zum Ehrenbürger ernannt wurde, konnte er das Hotel »Zum Römischen Kaiser« kaufen.

Sein Sohn Anselm Salomon von Rothschild (1803–1874) gründete 1855 mit Jonas von Königswarter die Österreichische Credit-Anstalt für Handel und Gewerbe.

Haus Kompert

I., Zelinkagasse 10, Ecke Gonzagagasse

Der in Böhmen geborene Leopold Kompert (1822–1886) widmete sich als Schriftsteller der Schilderung des jüdischen Lebens in den böhmischen Ghettos. Seine Erzählungen erfreuten sich auch bei nichtjüdischen Lesern großer Beliebtheit. Unter anderem war Kompert Vorstandsmitglied der Israelitischen Kultusgemeinde und zählte innerhalb der Gemeinde zu den Vertretern der Assimilation und trat für die Akzeptanz von Mischehen ein.

Martin-Buber-Geburtshaus

I., Franz-Josefs-Kai 35

Aus den Büchern Martin Bubers.
Exlibris von Ephraim Moses Lilien, 1902.

Martin Buber (1878–1965) kam zwar in Wien zur Welt, verbrachte seine Kindheit jedoch bei seinem Großvater, einem wichtigen Midrasch-Forscher, in Galizien. Dort entdeckte Buber die Welt des Chassidismus, dessen Literatur er mittels Übersetzungen ins Deutsche einer breiteren Leserschaft zugänglich machte. Während des Philosophiestudiums in Wien kam Buber in Kontakt mit der zionistischen Bewegung. Gemeinsam mit Ephraim Moses Lilien (1874–1925), dem ersten Präsidenten Israels Chaim Weizmann (1874–1952) und anderen vertrat er die Ideen des Kulturzionismus. Er war der Überzeugung, der Zionismus dürfe sich nicht auf das politische Engagement beschränken, sondern müsse auch für eine kulturelle Erneuerung des Judentums kämpfen.

In den 1920er-Jahren übersetzte Buber mit dem Philosophen Franz Rosenzweig (1886–1929) die Bibel als Gegenentwurf zur Luther'schen Übersetzung. Nach der Machtergreifung der Nationalsozialisten in Deutschland engagierte er sich in der Ausbildung junger Menschen, die ihre Emigration vorbereiteten. 1938 folgte er einem Ruf an die Hebräische Universität in Jerusalem.

Gedenkstätte für die Opfer der Gestapo Wien

I., Salztorgasse 6

In diesem Haus befindet sich die ursprünglich von den Opferverbänden eingerichtete Gedenkstätte für die Opfer des österreichischen Freiheitskampfes 1938–1945, welche 1968 eröffnet wurde. Ihr Eingang liegt nahezu exakt an jener Stelle, an der sich der Hintereingang der Gestapo-Leitstelle im einstigen Hotel Métropole befand. Zu sehen sind Dokumente über die Tätigkeit der Gestapo sowie Zitate, die auf die Bedeutung des Freiheitskampfes hinweisen.

Die Gedenkstätte wurde 2011 renoviert, vom Dokumentationsarchiv des österreichischen Widerstandes (DÖW) um eine Ausstellung erweitert und als Gedenkstätte für die Opfer der Gestapo Wien wiedereröffnet. Sie vermittelt seither nicht nur Informationen über die Opfer unter den politischen Gegnern des Nationalsozialismus, sondern auch über weitere Opfergruppen sowie den Verfolgungsapparat der Gestapo, deren Mitwirkende und Arbeitsweisen.

1961, ein Jahr nach der spektakulären Ergreifung Adolf Eichmanns, gründete Simon Wiesenthal im Auftrag der Israelitischen Kultusgemeinde ein Dokumentationszentrum. Zunächst ging in diesem die in Linz begründete Jüdische Historische Dokumentation als Nachfolgeorganisation auf. Nach politischen Auseinandersetzungen mit der SPÖ führte Wiesenthal das Dokumentationszentrum ab 1963 im Rahmen des von ihm gegründeten Bundes jüdischer Verfolgter des Naziregimes. Seine Hauptaufgabe bestand in der Suche nach NS-Verbrechern sowie Dokumenten und Zeugen, um eine gerichtliche Verfolgung zu ermöglichen.

Wiesenthal, der seine gesamte Familie in der Shoah verlor, schaffte es, im Laufe seiner langjährigen Tätigkeit rund 1000 NS-Verbrecher auszuforschen. Den spektakulärsten Erfolg erzielte er 1960, als es ihm mit Hilfe des israelischen Geheimdienstes gelang, Eichmann in Argentinien ausfindig zu machen.

Trotz internationaler Reputation wurde die Bedeutung seiner unermüdlichen Tätigkeit in Österreich erst sehr spät anerkannt. Zeichen dafür sind zahlreiche Ehrungen in Wiesenthals letzten Lebensjahren und die vergleichsweise rasche Umsetzung des von ihm initiierten Mahnmals für die jüdischen Opfer der Shoah am Judenplatz.

Das Dokumentationszentrum des Bundes jüdischer Verfolgter des Naziregimes mit seinem Bestand ist heute als eigenständige Organisation in das Wiener Wiesenthal Institut für Holocaust-Studien (VWI) integriert.

Mahnmal für die Opfer der NS-Gewaltherrschaft

I., Morzinplatz

An jener Stelle, an der heute dieses Denkmal steht, befand sich das Hotel Métropole, das ab 1938 die Gestapo-Leitstelle Wien beherbergte. In dieses Hotel wurden nach dem »Anschluss« die Gefangenen verschleppt, hier wurden sie verhört und gefoltert. Auch für viele Juden war dies die erste Station auf ihrem Leidensweg; zahlreiche Menschen wurden während der Verhöre zu Tode gequält.

1951 errichtete der KZ-Verband ohne behördliche Bewilligung einen den Gestapo-Opfern gewidmeten Gedenkstein. Die Stadt Wien nahm das Monument in ihre Obhut, errichtete 1985 ein neues Mahnmal für die Opfer der NS-Gewaltherrschaft und übernahm auch den Text, der von Wilhelm Steiner, dem damaligen Präsidenten des KZ-Verbands, stammt: »Hier stand das Haus der Gestapo. Es war für die Bekenner Österreichs die Hölle. Es war für viele von ihnen der Vorhof des Todes. Es ist in Trümmer gesunken wie das Tausendjährige Reich. Österreich aber ist wiederauferstanden und mit ihm unsere Toten, die unsterblichen Opfer.« Ein Block aus Mauthausener Granit und eine Bronzefigur sollen das Schicksal der KZ-Häftlinge symbolisieren. Es ist typisch für die Gedenkkultur der Nachkriegszeit, die sich vor allem auf den demokratischen Grundkonsens der Versöhnung über die Parteigrenzen hinweg bezog, dass die gefolterten, gedemütigten und ermordeten österreichischen Juden mit keinem Wort erwähnt werden. Einzig der eingemeißelte gelbe Stern lässt erahnen, dass auch Juden zu den Opfern zählten.

Wiener Wiesenthal Institut für Holocaust-Studien (VWI)

I., Rabensteig 3

Das Wiener Wiesenthal Institut für Holocaust-Studien (Vienna Wiesenthal Institute, VWI) beschäftigt sich mit der Erforschung, Dokumentation und Aufarbeitung der Themenbereiche Antisemitismus, Rassismus und Holocaust, einschließlich seiner Vorgeschichte und Folgen. Es wurde 2009 gegründet und zuvor von Simon Wiesenthal, der Israelitischen Kultusgemeinde Wien und anderen initiiert.

Zwischen 2010 und 2012 wurde die Grundlage für eine wissenschaftliche Bibliothek sowie ein eigenes Archiv geschaffen. Im Oktober 2012 nahm das Institut seinen Vollbetrieb auf und wird seitdem von der Stadt Wien und dem Bundesministerium für Bildung, Wissenschaft und Forschung subventioniert. Neben einem wissenschaftlichen Forschungsprogramm bietet das VWI regelmäßig Vorträge, Workshops und Konferenzen.

2017 bezog das Wiener Wiesenthal Institut für Holocaust-Studien neue Räumlichkeiten am Rabensteig 3 in der Wiener Innenstadt. Nach den aufwändigen Renovierungsarbeiten am neuen Standort ist die umfangreiche Präsenz- und Fachbibliothek des Instituts nun sachgemäß aufgestellt und benutzbar. Darüber hinaus wurde das persönliche Archiv Simon Wiesenthals aus den ehemaligen Büroräumlichkeiten in der Salztorgasse in das neue Gebäude übernommen und ist nun ebenfalls für Forschungszwecke einsehbar. Hinzu kamen die holocaustbezogenen Bestände des Archivs der IKG. Im Erdgeschoß befindet sich ein kleines Museum, welches sich mit dem Wirken Wiesenthals und Fragen des zukünftigen Erinnerns beschäftigt.

2020 wurde im Nationalrat der Simon-Wiesenthal-Preis ins Leben gerufen, welcher erstmals im Jahr 2021 vom Nationalfonds der Republik Österreich für Opfer des Nationalsozialismus vergeben wird. Die Auszeichnung richtet sich an Personen, die besondere Leistungen im Bereich zivilgesellschaftliches Engagement gegen Antisemitismus und für Aufklärung über den Holocaust erbringen. Dem diesbezüglichen Beschluss ging eine hitzige Debatte im Parlament voraus, weil sich die FPÖ wehement gegen die Benennung des Preises nach Simon Wiesenthal gestellt hatte. Stattdessen schlug die freiheitliche Fraktion Bruno Kreisky (1911–1990) als Namensgeber vor.

Book Shop Singer

I., Rabensteig 3, Ecke Seitenstettengasse

Von 1999 bis 2017 führte Dorothy Singer eine Buchhandlung im Jüdischen Museum in der Dorotheergasse 11. Nach knapp zwei Jahrzehnten musste sie plötzlich weichen. Rund 2500 Unterstützer wollten mit Hilfe einer Petition das Aus der beliebten Einrichtung noch verhindern, doch die »Rettung des Book Shop Singer« ist nicht gelungen.

2018 hat Singer am Rabensteig 3, Ecke Seitenstettengasse, in Räumlichkeiten der IKG und in direkter Nachbarschaft zum Wiener Wiesenthal Institut für Holocaust-Studien ihre jüdische Buchhandlung neu eröffnet. Diese verfügt nun auch über ein milchig-koscheres Café und dient Touristen als Jewish Info Point der Kultusgemeinde. Zudem ist der Book Shop Singer ein Ausgangspunkt für geführte Stadtspaziergänge zum jüdischen Wien.

Stella-Kadmon-Gedenktafel

I., Franz-Josefs-Kai, Ecke Rotenturmstraße

Die Tafel erinnert an eine der wichtigsten Wiener Theatermacherinnen der Zwischenkriegszeit. Stella Kadmon (1902–1989) wurde in Wien geboren und begann 1919 ihre Schauspielausbildung an der Staatsakademie für Musik und darstellende Kunst. Auf der Roland-Bühne in der Praterstraße wurde ihr Talent von Fritz Grünbaum entdeckt, der für sie ein Soloprogramm schrieb. 1931 eröffnete sie im Keller des Café Prückel (I., Biberstraße 2) die erste politische Kleinkunstbühne Wiens unter dem Namen Lieber Augustin. Basis für die Arbeit war ein Kollektiv, in dem jeder für alles verantwortlich war. Dem Ensemble gehörte u. a. auch Peter Hammerschlag (1902–1942) an. Nach 1933 bot der

Liebe Augustin vor allem aus NS-Deutschland geflüchteten Schauspielern Auftrittsmöglichkeiten. Mit dem »Anschluss« Österreichs an das nationalsozialistische Deutschland im Jahr 1938 endete auch die Ära des Lieben Augustin. Stella Kadmon gelang die Flucht aus Österreich. 1939 erreichte sie Palästina, wo sie unter schwierigen Umständen ihre Theaterarbeit fortzusetzen versuchte. 1947 kehrte sie nach Österreich zurück, übernahm den 1945 wiedereröffneten Lieben Augustin und wandelte ihn ein Jahr später in das Sprechtheater Theater der Courage um. 1960 zog das Ensemble in die neuen Räumlichkeiten am Franz-Josefs-Kai und brachte vor allem zeitgenössische sozialkritische Stücke zur Aufführung. 1981 nahm Kadmon ihren Abschied von der Bühne und schloss gleichzeitig ihr Theater. Sie verstarb 1989 in Wien.

Ehemaliger Hakoah-Vereinssitz

I., Wiesingerstraße 11, Ecke Franz-Josefs-Kai

Die Ende des 19. Jahrhunderts entstandene jüdische Turn- und Sportbewegung war Ausdruck veränderter gesellschaftlicher und politischer Verhältnisse: Der immer vehementer auftretende Antisemitismus führte dazu, dass zahlreiche Vereine Juden aus »rassischen« Gründen die Mitgliedschaft verweigerten. Gleichzeitig kam mit dem Zionismus ein wachsendes nationales Bewusstsein und damit auch ein gestärktes Selbstbewusstsein auf. Zusätzlich hatte Max Nordau (1849–1923) beim zweiten Zionistenkongress 1898 zu einem »Muskeljudentum« aufgerufen. Wehrhaftigkeit und physische Regeneration wurden zu wichtigen Schlagworten. Als Folge dieser Entwicklungen wurde in Wien 1909 der jüdische Allroundsportklub Hakoah (»Kraft« auf Hebräisch) gegründet. Durch den großen Zulauf kam es zur Gründung zahlreicher Sektionen, die vor allem in der Zwischenkriegszeit große sportliche Erfolge feiern konnten.

Das Fußballteam gewann 1923 als erste kontinentale Mannschaft ein Spiel auf englischem Boden – 5:0 gegen West Ham United – und wurde 1924/25 österreichischer Meister. Einer der bekanntesten Spieler war Béla Guttmann (1899–1981), der später auch als Trainer internationale Erfolge feiern konnte. Er trainierte europäische Spitzenklubs sowie die österreichische Nationalmannschaft – allerdings nur wenige Monate, bis Guttmann aufgrund antisemitischer Ressentiments vorzeitig zurücktrat.

Die Schwimmsektion errang Erfolge bei österreichischen Meisterschaften; bei den Europameisterschaften im Jahr 1927 erreichten Hedy Bienenfeld-Wertheimer (1907–1976) und Fritzi Löwy (1910–1994) zweite und dritte Plätze. Weiters gewann die Wasserballmannschaft der Hakoah in den Jahren 1926 bis 1928 die österreichische Meisterschaft. Bekanntestes Mitglied war der Schriftsteller Friedrich Torberg.

1936 weigerten sich die Schwimmerinnen Judith Deutsch (1918–2004), Ruth Langer (1921–1999) sowie Lucie Goldner (1918–2000), bei den Olympischen Spielen im nationalsozialistischen Deutschland anzutreten. Daraufhin wurden sie vom österreichischen Schwimmverband gesperrt und ihre Bestleistungen gestrichen. Erst 1995, anlässlich einer Ausstellung im Jüdischen Museum Wien, wurden die drei Athletinnen rehabilitiert.

Eine herausragende Stellung innerhalb der Hakoah nahm die Sektion der Ringer ein. Diese fungierten zeitweilig auch als Schutztruppe gegen antisemitische Überfälle. Zahlreiche Meistertitel wurden errungen, 1932 gewann Nikolaus »Micky« Hirschl (1908–1991) bei den Olympischen Spielen in Los Angeles zwei Bronzemedaillen.

1938 wurde die Hakoah von den Nationalsozialisten zerschlagen. Der Sportplatz und die Vereinsstätten wurden beschlagnahmt; manche der Sportler konnten sich ins Ausland retten, viele wurden umgebracht. Nach Kriegsende wurde die Hakoah neu gegründet und stellte in den 1980er- und 1990er-Jahren sogar mehrfach den österreichischen Meister im Ringen.

Es dauerte über 60 Jahre, bis der Verein wieder einen eigenen Sportplatz bekommen sollte. Nach der teilweisen Restitution des Areals wurde im Jahr 2008 ein modernes Sportzentrum für die Hakoah unweit des ehemaligen Platzes im Prater eröffnet. Der ehemalige Sitz samt Vereinslokal befand sich im Souterrain des Café Atlashof in der Wiesingerstraße 11, Ecke Franz-Josefs-Kai.

Hedy Bienenfeld-Wertheimer, Mitglied der erfolgreichen Schwimmsektion der Hakoah, errang bei den Europameisterschaften im Jahr 1927 über 200 m Brust die Bronzemedaille.

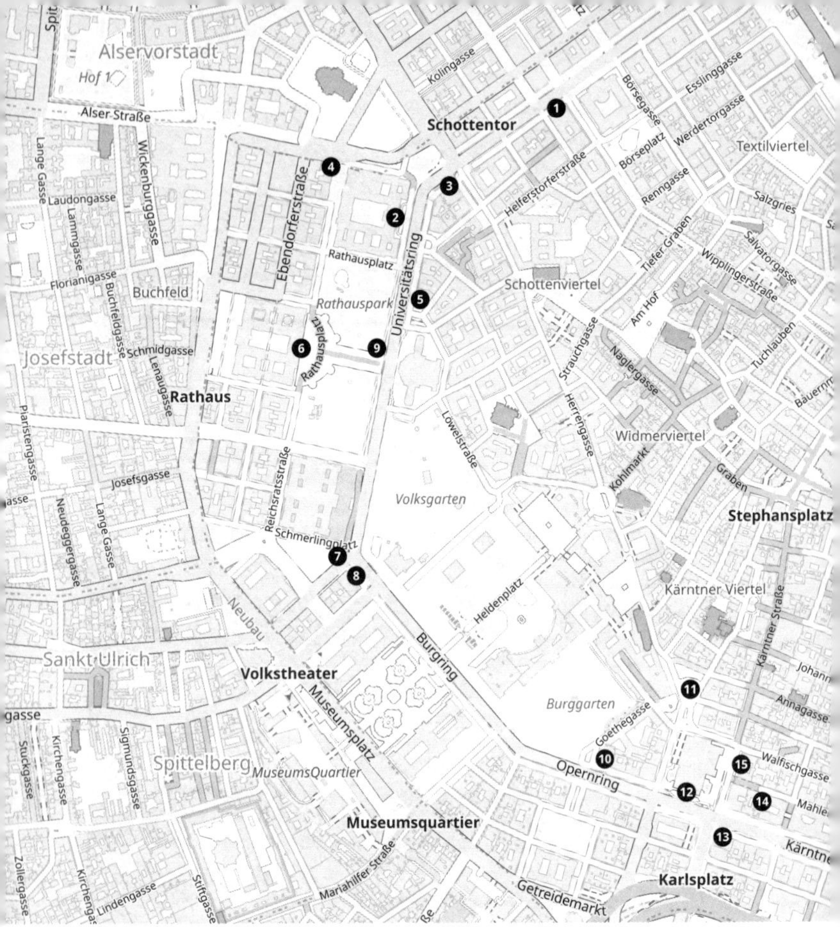

Die Ringstraße

Karmelitergasse
Jägerzeile
Weintraubengasse
Czerningasse
Hauptallee
Friedrich-Wilhelm-Raiffeisen-Platz
Negerlegasse
Nestroyplatz
Czerningasse
Czerninviertel
Lichtenauergasse
Vivariumstraße
Große Mohrengasse
Zirkusgasse
Praterstraße
Ferdinandstraße
Untere Donaustraße
Donaukanal
Franzensbrücke
Verbindungsbahnbrücke
Marienbrücke
Schwedenbrücke
Aspernbrücke
Schwedenplatz
Innere Stadt
Löwengasse
Kurzbauergasse
Fleischmarkt
Postgasse
Weißgerber
Untere Weißgerberstraße
Schüttelstraße
Böcklinstraße
Krieglergasse
Löwengasse
Schallautzerstraße
Biberstraße
Stubenring
Adamsgasse
Untere Viaduktgasse
Hetzgasse
Weißgerberlände
Bäckerstraße
Postgasse
Falkestraße
Hetzgasse
Seidlgasse
Wollzeile
Schulerstraße
Leopoldstadt
Wien
Bechardgasse
Kegelgasse
Wienfluss
Stubentor
Landstraße
Marxergasse
Stammgasse
Seilerstätte
Coburgbastei
Am Stadtpark
Parkring
Wien Mitte
Czapkagasse
Esteplatz
Landstraße
Stadtpark
Große Ungarbrücke
Salmgasse
Rasumofskygasse
Beatrixgasse
Kundmanngasse
Parkgasse
Kübeckgasse
Ungargasse
Beatrixgasse
Hießgasse
Stadtpark
Am Heumarkt
16
Anton-von-Webern-Platz
Sechskrugelgasse
Rochusgasse
Erdbergstraße
Reisnerstraße
Rechte Bahngasse

Stefan Zweig (li.) und Joseph Roth (re.) in einem Pariser Straßencafé.

Stefan-Zweig-Geburtshaus

I., Schottenring 14

Stefan Zweig wurde als Kind einer wohlhabenden Industriellenfamilie geboren. Er studierte in Berlin und Wien Philosophie und Romanistik und unternahm bis zum Ausbruch des Ersten Weltkriegs Reisen in die ganze Welt. Während des Kriegs war er wie viele seiner Schriftstellerkollegen zunächst im Kriegspressequartier tätig, zog aber als überzeugter Pazifist 1917 in die Schweiz. 1934 emigrierte er nach London, 1941 mit seiner zweiten Gattin nach Brasilien, wo er seine posthum erschienene Autobiografie *Die Welt von Gestern. Erinnerungen eines Europäers* schrieb. 1942 nahm er sich gemeinsam mit seiner Frau Lotte das Leben.

Zweig, der sich zeit seines Lebens als Europäer definierte, ist dennoch Repräsentant einer altösterreichischen Geistigkeit. Dem pazifistisch-humanistischen Gedankengut verpflichtet, schrieb er Romane, Novellen, Theaterstücke und Gedichte. Seine Werke wurden in zahlreiche Sprachen übersetzt und weltweit gelesen. Zeitgenossen nannten ihn aufgrund seines wirtschaftlichen Erfolgs auch »Erwerbszweig«. Seine Haltung gegenüber dem Judentum war zwiespältig. Aus einem assimilierten Hause stammend, war er der jüdischen Religion gegenüber entfremdet, fühlte sich jedoch den geistigen und kulturellen Traditionen verpflichtet.

Universität Wien, Alma Mater Rudolphina

I., Universitätsring 1

Eine große Anzahl von jüdischen Wissenschaftlern sorgte im 19. und Anfang des 20. Jahrhunderts für den Weltruhm Wiens auf vielen Gebieten – besonders hervorzuheben sind dabei die Leistungen in der Medizin.

Im Arkadenhof der Universität Wien finden sich Büsten einiger berühmter Wissenschaftler: Heinrich von Bamberger (1822–1888), Professor der inneren Medizin, dessen Hauptverdienst in der Diagnostik für Herzkrankheiten lag; Leopold Ritter von Dittel (1815–1898), Chirurg, begründete im deutschsprachigen Raum die urologische Forschung und machte Wien auf diesem Gebiet zu einem Zentrum von Weltruf; Sigmund von Exner-Ewarten (1846–1926), Professor der Physiologie; Sigmund Freud (1856–1939), Begründer der Psychoanalyse; Moritz Kaposi (zuvor Moritz Kohn, 1837–1902), Professor der Dermatologie, baute das von seinem Lehrer Heinrich Auspitz (1835–1886) entworfene System der Hautkrankheiten aus und systematisierte gemeinsam mit anderen die dermatologische Krankheitslehre; Adolf Lieben (1836–1914), Professor der medizinischen Chemie; Ludwig Mauthner (1840–1894), Professor der Augenheilkunde; Isidor Neumann von Heilwart (1832–1906), Professor für Haut- und Geschlechtskrankheiten, wurde auf die Lehrkanzel für Syphilidologie berufen, erkannte die Wichtigkeit der Zusammenlegung von Dermatologie und Syphilidologie, wie sie in der Praxis verlangt wurde; Adam Politzer (1835–1920), Ohrenfacharzt; Julius Tandler, 1919/20 Unterstaatssekretär für Wohlfahrtspflege im »Roten Wien«, als sozialdemokratischer Politiker prägte er die Gesundheitspolitik der 1920er-Jahre, er reorganisierte das gesamte Fürsorgewesen, widmete sich der Jugendfürsorge, der Bekämpfung der Säuglingssterblichkeit und Tuberkulose, 1934

Wiener medizinische Schule

Im 18. Jahrhundert entwickelte sich Wien zum weltweiten Zentrum der medizinischen Ausbildung und Forschung. Im Jahr 1784 gründete Kaiser Joseph II. das Allgemeine Krankenhaus, damals eines der modernsten Hospitäler Europas, das zum Zentrum der österreichischen Medizin wurde. Besonders in der zweiten Hälfte des 19. Jahrhunderts erbrachten zahlreiche Wiener Juden bahnbrechende Leistungen in diesem Bereich.

Insgesamt war der Anteil der Juden unter den Intellektuellen Österreichs im ausgehenden 19. Jahrhundert auffallend hoch. Dies hängt zum einen damit zusammen, dass das Universitätsstudium Juden lange Zeit vorenthalten war und es einen ent-

wurde er wegen seines politischen Engagements verhaftet und verlor seinen Lehrstuhl, enttäuscht flüchtete er aus Österreich und starb in der Emigration in Moskau; Emil Zuckerkandl (1849–1910), Professor der Anatomie.

Aber nicht nur auf dem Gebiet der Medizin leisteten Wiener Juden Herausragendes. Weitere große österreichische jüdische Wissenschaftler sind im Arkadenhof verewigt: Adolf Exner (1841–1894), Professor für römisches Recht und Schöpfer der österreichischen Strafprozessordnung, Mitglied des Herrenhauses und des Reichsgerichts; Franz Klein (1854–1926), Professor für Recht, 1916 Justizminister, 1919 Staatssekretär des Auswärtigen Amts und Mitglied der österreichischen Friedensdelegation in sprechend großen Nachholbedarf gab, zum anderen war in den freien Berufen und im akademischen Milieu der Antisemitismus nicht so stark zu spüren wie etwa im Beamtentum.

Besonders groß war der Anteil von Juden in der Medizin: 1889/90 waren 48 Prozent der Studenten Juden, im Lehrkörper der medizinischen Fakultät wirkten zwei ordentliche und 14 außerordentliche Professoren sowie 37 Privatdozenten mosaischen Glaubens. Zu den bedeutendsten Vertretern der Wiener Schule zählen Salomon Stricker (1834–1898), Emil Zuckerkandl, Moritz Benedikt (1835–1920), Adam Politzer, Moritz Kaposi und Ludwig Mauthner.

Saint-Germain; Anton Menger von Wolfensgrün (1841–1906), Zivilrechtler und Sozialpolitiker, Professor der Nationalökonomie; Joseph von Sonnenfels, Staatswissenschaftler, Vertreter der Aufklärung; Guido Goldschmiedt (1850–1915), Professor für Chemie, Alkaloidforscher; Adolf Mussafia (1835–1905), Professor für romanische Philologie; Julius von Wiesner (1838–1916), Botaniker und Pflanzenanatom.

Die erste Frau, die an einer österreichischen Universität promovierte, habilitierte und schließlich die Venia Legendi erhielt, war Elise Richter (1865–1943). Sie maturierte 32-jährig, ein Jahr nach der Zulassung von Frauen zur Matura (1896), und inskribierte an der Universität Wien Indogermanistik sowie klassische und romanische Philologie. Bereits 1905 habilitierte sie sich als erste Frau, die Dozentur wurde ihr aber erst 1907 zuerkannt. 1921 wurde ihr der Titel eines ordentlichen Universitätsprofessors verliehen, jedoch durfte sie die damit verbundenen Funktionen nicht ausüben. Um andere Frauen bei ihrer akademischen Laufbahn zu unterstützen und zu bestärken, gründete sie 1922 den Verband der akademischen Frauen Österreichs, dem sie bis 1930 vorsaß. Elise Richter wurde 1943 in Theresienstadt ermordet. Sie ist die meistgewürdigte Akademikerin der Universität Wien, mehrere Einrichtungen tragen ihren Namen. Das Frauenförderungsprogramm des Wissenschaftsfonds FWF ist ebenfalls nach Richter benannt.

Im Arkadenhof fand sich bis 2016 lediglich eine einzige Ehrung zugunsten einer Frau, Marie von Ebner-Eschenbach (1830–1916). Anlässlich des 650-Jahr-Jubiläums der Universität Wien wurden Denkmäler für sieben Wissenschaftlerinnen realisiert: Charlotte Bühler (1893–1974), Marie Jahoda (1907–2001), Berta Karlik (1904–1990), Lise Meitner (1878–1968), Grete Mostny-Glaser (1914–1991), Elise Richter sowie Olga Taussky-Todd (1906–1995). Bis auf Karlik waren alle jüdischer Herkunft.

Palais Ephrussi

I., Universitätsring 14

Dieses Gebäude, das Palais und bürgerliches Wohnhaus in einem sein sollte, wurde 1872 von Theophil von Hansen (1813–1891) für den Bankier Ignaz Ephrussi (1829–1899) errichtet. Die Fassade ist ein hervorragendes Beispiel für den damals vorherrschenden Baustil. Im Erdgeschoß wurden Geschäftslokale eingerichtet, im ersten Stock die Wohnung der Familie Ephrussi. Darüber wurden Mietwohnungen für die gehobene Mittelschicht eingerichtet.

Die Familie Ephrussi zählte zu den bedeutendsten Bankiersfamilien Wiens im 19. Jahrhundert. Sie stammte aus Odessa, wo Ignaz Ephrussi geboren wurde. Er gründete dort eine Kommerzialbank, weiters in St. Petersburg die Internationale Diskontbank und die Russische Handelsbank. Durch geschickte Transaktionen kam er zu einem beachtlichen Vermögen, das er im Jahr 1856 nach Wien transferierte, um das Bankhaus Ephrussi & Co. zu gründen. Filialen des Instituts existierten in Paris und London. 1871 wurde Ephrussi in den Ritterstand erhoben. Er gründete und unterstützte viele Wohltätigkeitsanstalten, darunter eine Volksschule in Odessa, die seinen Namen trug. Sein Sohn Viktor (1860–1945) führte das Bankhaus samt den Filialen in Paris und London weiter.

Bereits am 27. April 1938 wurde das Palais Ephrussi von der Gestapo beschlagnahmt, die Bank Ephrussi & Co. vom langjährigen Mitgesellschafter und Prokuristen »arisiert«. Während des Kriegs waren das nationalsozialistische Amt Rosenberg und später das Amt für Wildbach- und Lawinenverbauung im Palais Ephrussi untergebracht. Die meisten Gegenstände im Haus wurden den Ämtern überlassen, die Bücher übergab die Gestapo der Nationalbibliothek, ein Teil der Möbel gelangte ins Hofmobiliendepot. Die alliierten Besatzungsmächte in Österreich interessierten sich ebenso wenig für die ursprünglichen Besitzer von Immobilien wie die österreichische Administration, sondern suchten für ihre Büros prestigeträchtige Gebäude in repräsentativer Lage. Im Palais Ephrussi richtete sich damals das US-amerikanische Militärhauptquartier ein.

Nach der Veröffentlichung des Romans *The Hare with Amber Eyes* (dt. *Der Hase mit den Bernsteinaugen*) von Edmund de Waal, einem Nachkommen der Ephrussis, im Jahr 2010 zog das Gebäude wieder vermehrt Aufmerksamkeit auf sich. Der Titel bezieht sich auf eine Netsukefigur aus der familieneigenen Sammlung, welche de Waal als Erbe zuteil wurde. Der britische Keramiker und Schriftsteller übergab 2018 einen Teil der Sammlung, insgesamt 170 Netsukes, an das Jüdische Museum Wien als Dauerleihgabe. Das Buch schildert die Familiengeschichte der de Waals, dessen Wege sich mit den Ephrussis und auch den Rothschilds kreuzten.

Damen der Wiener Gesellschaft – Toleranz, Assimilation, Emanzipation

Während die meisten jüdischen Frauen des 18. und 19. Jahrhunderts ihre »Öffentlichkeit« vor allem innerhalb ihrer Familien und in den reglementierten Gegebenheiten des täglichen Lebens fanden, wurden einige wenige mit ihren Salons Mittelpunkte der Wiener Gesellschaft.

Fanny von Arnstein, Tochter eines Bankiers und Fabrikanten aus Berlin, war die Gattin des Wieners Nathan Adam von Arnstein. In ihrem neuen Domizil am Hohen Markt gründete sie den ersten Salon in Wien, und dieser wurde zum Mittelpunkt des Kulturlebens der Stadt. Arnstein gehörte zu den Gründerinnen des Musikvereins, förderte Mozart (1756–1791) und selbst Kaiser Joseph II. besuchte sie. Der Überlieferung nach stellte sie 1814 den ersten Weihnachtsbaum Wiens auf. Dieser soll Spitzeln der Geheimpolizei Metternichs aufgefallen sein, welche die Salonière aufgrund ihres einflussreichen Besuchs beobachteten.

Josephine von Wertheimstein, aus einer assimilierten jüdischen Honoratiorenfamilie stammend, wurde in Brno (Brünn) geboren. Mit 23 Jahren heiratete sie den Prokuristen Leopold von Wertheimstein und übersiedelte mit ihm nach Wien. Ihre Wohnung in der Singerstraße wurde zum Treffpunkt regimekritischer Liberaler. Hier kamen auch die beiden Kinder Franziska (1844–1907) und Carl (1847–1866) zur Welt. Eine unglückliche Ehe, Mangel an persönlicher Entfaltung und der unerwartete Tod ihres Sohns Carl im Jahr 1866 führten sie in schwere Depressionen.

Der Umzug in den Nobelbezirk Döbling riss Josephine aus ihrer Lethargie. Hier entstand der illustre Salon Wertheimstein, der sich zu einem liberalen Zentrum in der Residenzstadt entwickelte. Als Gastgeberin für bedeutende Männer aus Wissenschaft, Politik und Kunst – unter ihnen der Dichter Ferdinand von Saar (1833–1906), der mit Mutter und Tochter Wertheimstein über mehr als drei Jahrzehnte einen intensiven Briefwechsel unterhielt – blühte Josephine auf. Sie zog sich allerdings im letzten Jahrzehnt ihres Lebens wegen zunehmender Krankheit zurück und starb 1894.

Tochter Franziska führte den Salon weiter. Ferdinand von Saar, der sie insgeheim liebte, war der einzige, mit dem die ebenfalls von Depressionen gepeinigte Frau näheren Kontakt hielt. Ein halbes Jahr nach dem Selbstmord des schwer erkrankten Saar verstarb auch Franziska. Die Villa und den Park vermachte sie »zum Wohl der Bevölkerung« der Stadt Wien.

Berta Zuckerkandl.

Zwischen 1916 und 1938 war Berta Zuckerkandl (1864–1945) eine der bedeutendsten Frauenpersönlichkeiten des Kulturlebens in Wien. Sie war Tochter und später »vertrauliche Sekretärin« des liberalen Zeitungsherausgebers Moritz Szeps (1835–1902). Karl Kraus überschüttete Vater und Tochter (»Tante Berta«) immer wieder mit Spott.

Zuckerkandls literarische Betätigung begann früh. Sie schrieb u. a. für die *Wiener Allgemeine Zeitung* und für *Ver Sacrvm*. Sie kämpfte zeit ihres Lebens für die »Rettung der österreichischen Kultur« und für die Verkleinerung des »Abstands zwischen Künstler und Publikum«. So war sie bei der Errichtung der Wiener Werkstätte entscheidend beteiligt und Mitbegründerin der Salzburger Festspiele, gehörte zu den Initiatorinnen der Secession und förderte Gustav Klimt (1862–1918), Adolf Loos, Josef Hoffmann sowie Otto Wagner (1841–1918). In ihrem berühmten Salon verkehrten u. a. Gustav Mahler (1860–1911), Johann Strauss (Sohn, 1825–1899), Sigmund Freud, Arthur Schnitzler, Max Reinhardt (1873–1943) und Egon Friedell.

1938 flüchtete sie nach Paris, wo sie im Kreis österreichischer Emigranten, darunter Franz Werfel und Alfred Polgar, verkehrte. Sie verstarb 1945 im Exil. In *Ich erlebe 50 Jahre Weltgeschichte* (erschienen 1939 in Stockholm) und *Österreich intim* (1970 posthum erschienen) zeichnet Berta Zuckerkandl ein bedeutendes Bild der österreichischen Kunst- und Kulturgeschichte.

Werbeplakat des Cabaret ABC, um 1935.

Cabaret ABC

I., Universitätsstraße 3

Die Geschwister Therese und Filipp »Gustl« Goldmann führten in der Porzellangasse 1 das Café City, in dem 1934 die Kleinkunstbühne Brettl am Alsergrund City eröffnet wurde, später Cabaret ABC genannt. Noch im Gründungsjahr des Cabarets wurde es zum Ziel eines Bombenanschlags des illegalen Nationalsozialisten Anton Geckel, der von der Polizei gefasst werden konnte.

1935 übersiedelte man ins Café Arkaden in der Universitätsstraße 3. Unter der künstlerischen Leitung von Hans Margulies (1889–1960) entwickelte sich das Cabaret ABC zur politisch schärfsten Kleinkunstbühne im Wien der 1930er-Jahre. Am 13. März 1938, nur einen Tag nach dem »Anschluss«, wurde es geschlossen. Zu den berühmtesten Künstlern zählten Cissy Kraner (1918–2012) und Josef Meinrad (1913–1996) als Darsteller sowie Jura Soyfer (1912–1939), Hans Weigel (1908–1991), Friedrich Torberg und Fritz Grünbaum als Autoren.

Jura Soyfer (1912–1939), ein in Charkiw in der heutigen Ukraine geborener Sohn russischer Aristokraten, die nach Ausbruch der Oktoberrevolution nach Wien emigriert waren, trat 1934 der Kommunistischen Partei Österreichs bei. In seinen Gedichten und Stücken zeigte er soziale Ungerechtigkeit und politische Missstände auf. Seine für die Kleinkunst der Zwischenkriegszeit typischen Kleindramen wurden sowohl auf einschlägigen Bühnen als auch in Kellertheatern aufgeführt. Im Cabaret ABC gelangten seine Stücke *Der Weltuntergang*, *Astoria* und *Vineta* zur Aufführung.

Soyfer wurde im April 1938 inhaftiert, jedoch nach drei Monaten wieder freigelassen. Beim Fluchtversuch aus Österreich wurde er an der Grenze zur Schweiz festgenommen und zuerst nach Dachau deportiert, wo er das berühmte *Dachaulied* schrieb. Danach gelangte Soyfer ins Konzentrationslager Buchenwald, wo er, entkräftet und misshandelt, 1939 an Typhus starb.

Palais Lieben-Auspitz

I., Universitätsring 4

Bauherren dieses imposanten Ringstraßenpalais waren die Geschwister Leopold, Adolf, Helene, Richard und Ida Lieben (1852–1894) sowie ihr Vetter Rudolf Auspitz (1837–1906). Sie zogen 1874 ein. Die Familien Auspitz und Lieben sind Teil der politischen und kulturellen Geschichte des alten Österreich. Durch zahlreiche Heiraten miteinander verschwägert, brachten diese Familien eine beträchtliche Anzahl von Künstlern, Gelehrten, Geschäftsleuten und Politikern hervor.

Rudolf Auspitz war Fabrikant, Mathematiker und Politiker, seine Gattin Helene Lieben (1838–1894) galt als begabte Malerin. Leopold von Lieben (1835–1915) war Präsident der Börsekammer und Vizegouverneur der Österreichisch-Ungarischen Bank, sein Bruder Adolf machte sich einen Namen als Chemiker an den Universitäten Palermo und Wien und war außerdem Mitglied des Herrenhauses. Richard Lieben (1842–1919) betrieb gemeinsam mit Rudolf Auspitz das Bankhaus Auspitz, Lieben & Co. Robert von Lieben (1878–1913), der Sohn Leopolds von Lieben, gehörte zu den bedeutendsten österreichischen Forschern und Erfindern in den Anfängen des 20. Jahrhunderts. Er konstruierte u. a. einen elektrochemischen Phonographen, einen Drehstrommotor und die sogenannte Lieben-Röhre, die als Grundlage für die Entwicklung der Radio- und der Telefontechnik diente.

Von 1916 bis 1938 lebte Berta Zuckerkandl, Witwe des berühmten Anatomen Emil Zuckerkandl, in diesem Haus. Sie war Schriftstellerin und Friedenskämpferin und führte einen Salon in der Tradition der Fanny von Arnstein. Zuckerkandl wurde später Mitbegründerin der Salzburger Festspiele, bei deren Programmeröffnung sie eine imposante Rede hielt. Eine Gedenktafel an der Fassade erinnert an den Salon von Berta Zuckerkandl. Das Palais beherbergt heute das bekannte Café Landtmann.

Rathaus

I., Friedrich-Schmidt-Platz

Hier befand sich die Zentralstelle des Philanthropischen Vereins, bei dem alle Fäden der Armenfürsorge zusammenlaufen sollten. Die im Jahr 1879 gegründete Gesellschaft zählte zu den größten privaten wohltätigen Einrichtungen der Stadt. Folgendes war ihre Aufgabe: »Das Elend verarmter Personen im Wiener Polizeirayon ohne Rücksicht auf Geschlecht, Stand, Alter, Konfession, Nationalität und Staatsbürgerschaft zu lindern; ferner ein harmonisches Zusammenwirken der öffentlichen Armenpflege und der privaten Armenunterstützung durch die verschiedenen Armenanstalten, Vereine und durch einzelne Wohltäter anzustreben; endlich durch Anlegung einer umfassenden Statistik des Wiener Armenwesens die Möglichkeit zu gewinnen, sowohl den Wohltätern als den Hilfsbedürftigen jederzeit die genauesten Auskünfte zu erteilen als auch den Reformbestrebungen auf dem Gebiete des Armenwesens eine praktische Grundlage zu verschaffen.«

Von Beginn an zählten jüdische Familien zu den Gründern und Förderern dieses Vereins. In den Jahren 1880 bis 1899 wurde das Gesamtbudget von der Familie Rothschild und den Gebrüdern Wilhelm (1826–1895) und David (1834–1912) von Gutmann zu 65 Prozent abgedeckt. Rechnet man andere jüdische Unterstützer und Förderer wie Friedrich Schey von Koromla (1815–1881) und die Gebrüder Max (1822–1913) und Julius (1823–1909) von Gomperz dazu, so belief sich die Deckung des Budgets durch jüdische Wohltäter auf annähernd 70 Prozent. Im Vergleich dazu nimmt sich die Spendentätigkeit der größten christlichen Förderer des Vereins – des Großindustriellen Richard Drasche (1850–1923) und des Fürsten Johann II. von Liechtenstein (1840–1929) – bescheiden aus: Sie deckten das Budget mit 5,6 Prozent beziehungsweise mit 2 Prozent ab. Im Zeitraum von 1880 bis 1899 unterstützte der Philanthropische Verein 258 543 Bedürftige mit 1,2 Millionen Gulden.

Zedaka, Philanthropentum, bürgerliches Normverhalten

Eine der grundlegenden Verhaltensnormen im Judentum ist die Verantwortung für die Armen und Schwachen in der Gesellschaft. Die biblische Grundlage dazu findet sich im Gedanken der Zedaka (Wohltun, Gerechtigkeit) und äußerte sich im Wien des 19. Jahrhunderts dadurch, dass die Kultusgemeinde mit ihren zahlreichen Einrichtungen wie der Chewra Kadischa, dem Israelitischen Hospital, dem Blindeninstitut, dem Taubstummeninstitut und der Armenfürsorge ein vorbildliches Netz an sozialen Einrichtungen aufgebaut hatte.

All diese Institutionen wurden mit Geld von privaten Spendern gegründet oder am Leben erhalten. Durch den rasanten materiellen und gesellschaftlichen Aufstieg einiger jüdischer Familien im 19. Jahrhundert, bedingt durch Aufklärung, Emanzipation und Liberalismus, übernahmen diese Familien soziale Aufgaben in der bürgerlichen Gesellschaft – nicht zuletzt auch deshalb, um ihre bürgerliche Gleichheit, Vollwertigkeit und patriotische Gesinnung zu beweisen, stand doch im bürgerlichen Wertekanon neben der Loyalität zum Kaiserhaus eine Tugend ganz oben: die Wohltätigkeit. Zwar half das Bürgertum mit seinen freiwilligen karitativen Aktivitäten nur punktuell und beabsichtigte auch gar nicht, die sozialen Probleme des Habsburgerstaats durch strukturelle Veränderungen zu lösen; dennoch trugen die von ihm geschaffenen Institutionen dazu bei, Not zu lindern und soziale Spannungen abzufangen.

Dabei wurden von jüdischen Bürgern organisatorische und finanzielle Leistungen erbracht, die im Verhältnis jene ihrer christlichen Zeitgenossen um ein Vielfaches übertrafen. Aus der Tradition der Zedaka kommend, prägten einige Juden wie Julius Tandler oder Hugo Breitner (1873–1946) die Sozialpolitik des »Roten Wien« maßgeblich mit.

Denkmal der Republik

I., Schmerlingplatz

Victor Adler einigte die österreichische Sozialdemokratie und war maßgeblich an der Begründung der Ersten Republik beteiligt.

Dieses Denkmal wurde im November 1928, zehn Jahre nach Ausrufung der Republik, enthüllt. Es zeigt die drei bedeutendsten Repräsentanten der frühen Sozialdemokratie in Österreich: Jakob Reumann (1853–1925), Ferdinand Hanusch (1866–1923) und Victor Adler (1852–1918).

1852 in Prag geboren, entstammte Adler einer liberalen, großbürgerlichen jüdischen Familie. Wie viele seiner Zeitgenossen war auch er nach dem Zusammenbruch der Liberalen Partei auf der Suche nach einer neuen politischen Heimat. Die deutschnationalen und christlichsozialen Parteien wurden im Laufe der 1880er-Jahre immer offener antisemitisch und damit für Juden unwählbar. Als eine der wenigen Alternativen boten sich die Sozialdemokraten an, die als damals einzige österreichische Partei den Antisemitismus nicht zum Programm erhoben.

Victor Adler entwickelte sich zu einem führenden Politiker der Sozialdemokratie. Auf dem Hainfelder Parteitag (1888/89) gelang es ihm, die in Gemäßigte und Radikale aufgesplitterte Partei zu einen. Die von ihm redigierte Prinzipienerklärung bildete die Grundlage für die politische Arbeit der folgenden Jahrzehnte. Der Erste Weltkrieg stellte Adler und die Partei vor einen schweren Gewissenskonflikt; Teile der Partei ließen sich von der herrschenden Kriegsbegeisterung anstecken. Dennoch versuchte Adler auch in dieser Zeit für den Frieden zu wirken.

In seiner letzten Rede im Reichsrat vor dem Krieg erteilte er dem Habsburgerstaat eine klare Absage und gab ein Bekenntnis zur vollen Eigenständigkeit der Nationalitäten ab. Adler starb am 11. November 1918, dem Tag der Abdankung von Kaiser Karl I. (1887–1922). Er erhielt am Zentralfriedhof ein Ehrengrab (Gruppe 24, Nummer 1).

Palais Epstein

I., Dr.-Karl-Renner-Ring 1

Das Palais wurde vom Architekten Theophil von Hansen für den Industriellen Gustav Epstein (1828–1879) errichtet. Es spiegelt die wirtschaftliche Macht, welche die Bankiersfamilie im 19. Jahrhundert innehatte.

Epstein führte zunächst die ausgedehnten Baumwollfabriken seines Vaters in Böhmen, zog aber wegen der besseren geschäftlichen Möglichkeiten 1854 nach Wien, wo er eine Privatbank gründete. Zudem bekleidete er einige Positionen im Bank- und Börsenwesen. 1866 wurde er vom Kaiser geadelt. Epstein war ein wirtschaftlicher Multifunktionär mit gewichtigem Einfluss, verlor jedoch im großen Börsenkrach von 1873 sein gesamtes Vermögen und verbrachte seine letzten Lebensjahre in bitterster Armut. Für sein Begräbnis musste die Kultusgemeinde die Kosten übernehmen.

Das Palais Epstein wurde 1883 an die Imperial Continental Gas Association verkauft und 1902 vom Staat erworben. Von 1922 bis 1938 war es Sitz des Wiener Stadtschulrats, 1938 bis 1945 brachten die Nationalsozialisten hier ihr Reichsbauamt unter, von 1945 bis 1955 beherbergte es die sowjetische Kommandantur und zwischen 1955 und 2000 war es wieder Sitz des Stadtschulrats.

Nach dessen Auszug machte Leon Zelman (1928–2007), Leiter des Jewish Welcome Service Vienna und Herausgeber der Zeitschrift *Das Jüdische Echo*, den Vorschlag, in den denkmalgeschützten Räumlichkeiten ein Museum für österreichische Geschichte einzurichten. Man entschied sich jedoch für eine Nutzung durch das Parlament, das in unmittelbarer Nähe liegt. Zwischen 2004 und 2005 wurde das Gebäude revitalisiert, vor allem die prachtvolle Beletage konnte wieder in ihren ursprünglichen Zustand versetzt werden.

Das Palais Epstein beherbergte von 1945 bis 1955 die sowjetische Kommandantur.

Heute wird das Palais Epstein von der Parlamentsbibliothek verwendet. Im Erdgeschoß befindet sich eine Dauerausstellung zur Familie Epstein sowie der Geschichte des Hauses. Durch die Beletage werden Führungen angeboten. Die Räumlichkeiten werden für Kulturveranstaltungen und Preisverleihungen genutzt.

Nach dem Tod Zelmans wurde 2008 an der Fassade des Palais Epstein eine Gedenktafel für den Publizisten und Shoah-Überlebenden angebracht. Zudem wurde der Leon-Zelman-Preis ins Leben gerufen, welcher einmal jährlich vergeben wird und Projekte auszeichnet, die sich für die Erforschung der Shoah sowie interkulturellen Dialog einsetzen. Hierzu zählen aber auch zivilgesellschaftliches Engagement, aktives Eintreten gegen Antisemitismus, Rassismus und Fremdenfeindlichkeit sowie Bildungs- und Jugendarbeit.

Joseph-Sonnenfels-Statue

I., Rathausplatz

Am 19. November 1867 – Kaiserin Elisabeths (1837–1898) Namenstag – wurden auf der Elisabethbrücke acht Statuen von bedeutenden Persönlichkeiten aus der Geschichte Wiens feierlich enthüllt. Nach der Demolierung der Brücke 1897 wurden sie an verschiedenen Standorten zwischen Rathaus und Burgtheater aufgestellt; jene des Freiherrn von Sonnenfels auf dem Rathausplatz wurde 1940 von den Nationalsozialisten durch eine Gluck-Figur ersetzt und erst nach 1945 wieder aufgestellt.

Joseph von Sonnenfels war Sohn des Hebräischlehrers Lipmann Perlin (1705–1768), der sich 1735 mit seinen drei Söhnen im Wiener Schottenkloster taufen ließ. Ab 1746 führte der Vater das Adelsprädikat von Sonnenfels. Nach dem Studium der Rechtswissenschaften in Wien war Sonnenfels ab 1763 als Universitätsprofessor tätig und als Hofrat der Hofkanzlei auch an der Reform des österreichischen Verwaltungs- und Gerichtswesens beteiligt. Er lebte zwar nicht mehr in der jüdischen Tradition, war aber an den Problemen von Juden sehr interessiert und hatte wahrscheinlich auch am josephinischen Toleranzpatent seinen Anteil.

Palais Schey von Koromla

I., Opernring 10

Der Bankier Friedrich Schey von Koromla ließ sich dieses Palais von den Architekten Johann Romano (1818–1882) und August Schwendenwein (1817–1885) errichten. Die Großhändlerfamilie stammte aus Güns (Kőszeg) in Westungarn und ging auf Philipp Schey (1798–1881) zurück, der es in Wien zu Ansehen und Vermögen gebrachte hatte. Während des Revolutionsjahres 1848 unterstützte er die kaiserlichen Truppen materiell und finanziell, was 1859 zu seiner Erhebung in den Adelsstand führte.

Gemeinsam mit seinem Neffen Friedrich (1815–1881) betrieb er in Wien die Firma F. Schey, k. k. priv. Großhändler. Friedrich

Schey war ein angesehener Finanzexperte; er betätigte sich als Bankier und war Direktor der Oesterreichischen Nationalbank, Präsident der Handelskammer in Wien und Verwaltungsrat der Kaiserin-Elisabeth-Bahn. Er war ein bedeutender Förderer des Künstlerhauses, des Musikvereins und des Museums für Kunst und Industrie.

Eines der Lieblingsprojekte von Friedrich Schey war das Stadttheater in der Seilerstätte: Als großer Theaterfreund und Bewunderer des damaligen Burgtheaterdirektors Heinrich Laube (1806–1884) wollte er diesem nach dessen erzwungenem Abgang vom Burgtheater dort eine neue Wirkungsstätte schaffen.

Friedrich Schey hinterließ ein beträchtliches Vermögen. Das prächtige Interieur des Palais ist österreichischen TV-Sehern durch die Serie *Ringstraßenpalais* bekannt, welche dort gedreht wurde.

Mahnmal gegen Krieg und Faschismus

I., Albertinaplatz

An diesem Ort stand der von Carl König erbaute Philipp-Hof, der als repräsentatives Pendant zur Albertina fungierte, in den letzten Kriegstagen aber in Folge eines Bombentreffers einstürzte. Die Trümmer begruben Hunderte Menschen unter sich, die im Luftschutzkeller des Hauses Schutz gesucht hatten. Die genaue Zahl der Toten ist unbekannt, ihre Leichen wurden nie geborgen.

Der Plan der Stadt Wien, ein von Alfred Hrdlička gestaltetes Denkmal gegen Krieg und Faschismus an einem zentralen Wiener Ort aufzustellen, löste in Österreich intensive und jahrelange Diskussionen aus. Nachdem die Stadt Wien 1983 mit dem Bildhauer einen Vertrag geschlossen hatte, kam die Realisierung ins Stocken. Erst die sogenannte Waldheim-Affäre und die Gedenkveranstaltungen zum 50. Jahrestag des »Anschlusses« erzeugten ein Klima, das die Realisierung des Denkmals beschleunigte. Im November 1988 wurde das Mahnmal schließlich enthüllt. Dabei löste vor allem das Bild des Straßen waschenden Juden wiede-

Detail aus Alfred Hrdličkas Mahnmal gegen Krieg und Faschismus.

rum zahlreiche Diskussionen aus. Hrdlička wählte diese Figur als Symbol für die Erniedrigung von Juden nach dem »Anschluss«, da im März 1938 Tausende von Juden gezwungen wurden, unter dem Gejohle der Menge mit Bürsten, mitunter sogar ihren eigenen Zahnbürsten, Straßen zu reinigen. Eindrücklich beschrieb dies ein Journalist: »Die erste Reibpartie sah ich auf dem Praterstern. Sie musste das Bild Kurt Schuschniggs entfernen, das mit einer Schablone auf den Sockel eines Monuments gemalt worden war. SA-Leute schleppten einen bejahrten jüdischen Arbeiter und seine Frau durch die Beifall klatschende Menge. Tränen rollten der alten Frau über die Wangen, und während sie starr vor sich hinsah und förmlich durch ihre Peiniger hindurchblickte, konnte ich sehen, wie der alte Mann, dessen Arm sie hielt, versuchte, ihre Hand zu streicheln.«

Die Figur wurde von vielen aber als eine perpetuierte Erniedrigung empfunden. Schließlich schlug Simon Wiesenthal vor, ein Mahnmal ausschließlich für die österreichischen jüdischen Opfer der Shoah zu errichten, das im Oktober 2000 auf dem Judenplatz enthüllt wurde.

Die Ringstraße

»Arisierung«

Der Begriff ist eine nationalsozialistische Wortschöpfung und bezeichnet die Enteignung und Beraubung von Juden. Sofort nach dem »Anschluss« begannen in Wien die Raubzüge von NS-Parteigenossen. Juden wurden aus ihren Betrieben und Wohnungen vertrieben, ihre Besitztümer beschlagnahmt. Diese eigenmächtigen Aktionen lokaler Partei- und SA-Dienststellen, die Einsetzung von »kommissarischen Leitern« und die Übernahme von jüdischem Vermögen erfolgten im Frühjahr 1938 in so großem Umfang, dass die staatlichen Stellen um ihren Anteil zu fürchten begannen. Sie versuchten diesen »wilden Arisierungen« Einhalt zu gebieten und den Diebstahl in staatliche Bahnen zu lenken. Für Juden bedeutete »Arisierung« meist die entschädigungslose Enteignung.

Mit 26. April 1938 trat eine »Verordnung über die Anmeldung des Vermögens von Juden« in Kraft. Dadurch wurden alle Juden gezwungen, ihr Vermögen, sofern dieses einen Wert von 5000 Reichsmark überstieg, zu melden. Die Verordnung war die legale Grundlage zur Beraubung der jüdischen Bevölkerung und leitete die geplante »Entjudung« der Wirtschaft ein. Zur Administration dieser Maßnahmen schufen die Nationalsozialisten eine eigene Behörde, die sogenannte Vermögensverkehrsstelle. Durch sie wurden riesige Vermögenswerte ihren Besitzern geraubt: Das damals angemeldete Vermögen betrug rund 2,3 Milliarden Reichsmark.

Zwar kam es nach 1945 in einigen Fällen zur Rückerstattung des Eigentums, in der Mehrzahl wurden die Rückstellungen aber verzögert, viele der Opfer erhielten überhaupt nichts. Erst in den Jahren 1998 bis 2003 arbeitete eine von der Regierung eingesetzte Historikerkommission dieses schwarze Kapitel der österreichischen Geschichte auf, um die Basis für Verhandlungen über die Rückgabe von »arisiertem« Vermögen und über Entschädigungszahlungen zu schaffen. Beispielsweise wurden in Wien über 60 000 Wohnungen »arisiert«; die Nationalsozialisten sprachen bereits 1939 davon, sie hätten 70 000 Wohnungen für die

»Volksgenossen« gewonnen. Das sind weitaus mehr Wohnungen, als das »Rote Wien« in der Hochblüte des kommunalen Wohnbaus schuf.

Wien, 1938.

Staatsoper

I., Opernring 2

Ein Mann, dessen Wirken mit der Wiener Staatsoper untrennbar verbunden ist, war Gustav Mahler. Er zählt zu den größten österreichischen Komponisten und schließt mit seinem sinfonischen Werk an seinen Lehrer Anton Bruckner (1824–1896) an. Der Spätromantik verpflichtet, gilt sein Kompositionsstil als typisch für das Fin de Siècle. Ab 1880 war Mahler Dirigent an zahlreichen kleineren Opernhäusern, 1888 bis 1891 Operndirektor in Budapest und 1891 bis 1897 Theaterkapellmeister in Hamburg. 1897 kam er als Dirigent an die Wiener Staatsoper, die er von 1898 bis 1907 leitete. Mahler, der aus einer assimilierten jüdischen Familie stammte, trat im selben Jahr zum Katholizismus über, wohl in der Hoffnung, sich damit im Sinn Heinrich Heines (1797–1856) die Eintrittskarte in die bessere Gesellschaft zu verdienen. 1902 heiratete er Alma Schindler (1879–1964), die als Schülerin von Alexander von Zemlinsky (1871–1942) selbst komponierte.

Als Folge antisemitischer Angriffe verließ Mahler die Wiener Staatsoper und feierte als Dirigent in München, Paris und New York Erfolge; in New York war er ab 1909 Kapellmeister der Metropolitan Opera. Mahler kehrte 1911 unheilbar krank nach Wien zurück, wo er im selben Jahr verstarb.

Gustav Mahlers Schwager Arnold Rosé (1863–1946) war als Violinist fast ein halbes Jahrhundert lang Konzertmeister der Wiener Philharmoniker. Im Jahr 1882 gründete er das Rosé-Quartett. 1926, in einer Rundfrage an Prominente, bekannte er seine Liebe zu Wien: »Ich bin derart verheiratet mit dieser lieben Stadt, dass ich mir ein Leben anderswo gar nicht denken kann. Wenn ich gezwungen wäre, mein Leben woanders zu verbringen, würde mich mein Heimweh verzehren.« 1938 emigrierte Rosé nach London, wo er ein Jahr nach Kriegsende starb.

Palais Königswarter

I., Kärntner Ring 2–4

Die berühmten Gründerzeitarchitekten Johann Romano und August Schwendenwein erbauten dieses Gebäude im Jahr 1862. Der Name der großen Wiener Familie Königswarter verweist auf den Ort Königswart in Böhmen, aus welchem ihre Vorfahren stammten. Der Wiener Zweig geht auf Moritz Königswarter (1780–1829) zurück, der in der Stadt ein Wechselgeschäft betrieb. Sein Neffe und Schwiegersohn Jonas von Königswarter aus Frankfurt übernahm dieses Geschäft und baute es zum Bankhaus Königswarter & Todesco aus. 1850 wurde er Direktor der Oesterreichischen Nationalbank, 1855 gründete er gemeinsam mit den Rothschilds die Creditanstalt. Er hatte als Direktor der Kaiser-Ferdinand-Nordbahn, Präses der böhmischen Westbahn und Verwaltungsrat der Theißbahn auch Anteil am Aufbau des österreichischen Eisenbahnwesens. Dieser Industriezweig war einer der wesentlichen Faktoren, die zum Aufblühen der Wirtschaft im Österreich der liberalen Ära beitrugen. Jonas von Königswarter war auch in der Kultusgemeinde über einen langen Zeitraum hinweg engagiert und diente ihr in den Jahren von 1867 bis 1871 als Präsident. Als Wohltäter berühmt wurde Königswarter durch die Errichtung des Israelitischen Blindeninstituts auf der Hohen Warte.

Sein Sohn Moritz von Königswarter (1837–1893) führte das Erbe des Vaters fort und galt als hervorragender Finanzfachmann.

Jonas von Königswarter war 1855 Mitbegründer der Creditanstalt.

Trotz seines Rufs als Geizhals zeigte er großes Engagement für die Kultusgemeinde sowie alle Belange von jüdischem Leben in Wien. Auch er trat als Wohltäter auf und richtete u. a. eine Wärmestube in der Puchsbaumgasse im Bezirk Favoriten ein. Diese Stuben, von denen es in Wien zahlreiche gab, wurden zumeist von privaten Wohltätern gegründet und dienten dazu, Armen während des Winters tagsüber Aufenthalt zu bieten und sie mit Tee und heißer Suppe zu versorgen.

Palais Gomperz

I., Mahlerstraße 4

Das zwischen 1860 und 1861 von Ludwig von Förster (1797–1863) erbaute Ringstraßenpalais wurde von Max und Julius von Gomperz gekauft. Die beiden Brüder entstammten einer weit verzweigten Familie, die sich jahrhundertelang zurückverfolgen lässt. Ihr Vater Philipp (1782–1857) war mit Henriette Auspitz (1792–1881) verheiratet; aus dieser Ehe gingen fünf Kinder hervor, die wiederum alle in große Bankiersfamilien einheirateten.

Die Brüder Gomperz waren äußerst erfolgreiche und wichtige Akteure im Wirtschaftsleben der Monarchie. Julius wurde 1879 geadelt. Obwohl er in Wien wohnte, war er ab 1872 Präsident der Brünner jüdischen Gemeinde, für die er sich auch als Politiker engagierte. Von Interesse ist auch die Förderung, die Max von Gomperz dem Maler Emil Orlik (1870–1932) angedeihen ließ. Dieser schuf aus Dankbarkeit eine Porträtplakette für Gomperz' Grab am Döblinger Friedhof.

Palais Todesco

I., Kärntner Straße 51

Hermann Todesco war der Stammvater der großbürgerlichen, später adelig gesprochenen Familie Todesco. Als Industrieller engagierte er sich in unterschiedlichen Bereichen. So begründete er in Marienthal eine Baumwollmanufaktur, wo er neue Maschinen und technische Methoden aus dem Ausland einführte, und war Mitfinanzier und erster Direktor der Wien-Gloggnitz-Bahn. Auch als Philanthrop machte er sich einen Namen und ließ u. a. in Bratislava eine Schule, in Baden ein Spital und in Wien eine Ausspeisungsanstalt für Arme errichten. Für seine Verdienste wurde er geadelt.

Sein Sohn Eduard von Todesco (1814–1887) ließ zwischen 1861 und 1864 von den viel beschäftigten Architekten Ludwig von Förster und Theophil von Hansen einen Repräsentationsbau in der Kärntner Straße errichten.

Er hatte im Jahr 1848 das vom Vater gegründete Großhandlungshaus übernommen. Für die österreichische Regierung war er einer der zuverlässigsten Finanzpartner und ein gern gesehener Berater in Geldangelegenheiten. Wie sein Vater tat auch er sich als Wohltäter hervor und spendete große Summen an soziale Einrichtungen. Durch seine Vorliebe für Fremdwörter, die er aber meist in falschem Zusammenhang verwendete, machte er sich zur Zielscheibe des Spotts der Wiener Gesellschaft. Eine Sitzung des Abgeordnetenhauses soll er auf folgende Weise kommentiert haben: »Ich bin für die Anatomie der Gemeinde, verwerfe die tschechische Deklamation, glaube aber, dass man den Polen, die mit ihrer Absolution nur Vernünftiges verlangen, einige Konfessionen machen sollte.« Er wurde zum Inbegriff des Ringstraßenbarons, dessen Bildung mit seinem Anspruch auf kultivierte Lebensart nicht Schritt halten konnte – ganz im Gegensatz zu seiner geistreichen Gattin Sophie, einer geborenen Gomperz, die den von ihr geführten Salon zu einem beliebten Treffpunkt von Persönlichkeiten des Wiener Kulturlebens machte. Zum 80. Geburtstag von Franz Grillparzer (1791–1872) rief Sophie von

Todesco mit Josephine von Wertheimstein und anderen Damen der Gesellschaft die Grillparzer-Preis-Stiftung ins Leben, die bis heute besteht und alle drei Jahre einen bedeutenden Literaturpreis verleiht. Das Palais Todesco war von 1947 bis 1995 Sitz der Österreichischen Volkspartei.

Moritz von Todesco (1816–1873) stand im Schatten seines älteren Bruders Eduard, mit dem er 1858 gemeinsam die Textilfabrik Marienthal übernahm. Bekannt blieb er bis heute vor allem wegen seiner Beziehung zu der Sängerin Jetty von Treffz (eigentlich Henriette Chalupetzky, 1818–1878), welche er aus konfessionellen Gründen nicht heiratete, die aber mit ihm ab 1844 als »Baronin Todesco« zusammenlebte und von ihm zwei Kinder hatte. 1862 heiratete Treffz schließlich den Komponisten und Kapellmeister Johann Strauss (Sohn), den sie im Palais Todesco erstmals traf, und überließ ihre Kinder Moritz von Todesco. Dieser ließ sich 1862 neben dem Palais seines Bruders Eduard ein eigenes Palais in der Walfischgasse 4 erbauen, welches aber am 12. März 1945 bei einem Luftangriff zerstört wurde.

Palais Gutmann

I., Fichtegasse 12

Das Gebäude wurde von den Architekten Johann Romano und August Schwendenwein im Auftrag der Gebrüder Wilhelm und David von Gutmann errichtet, die einer angesehenen mährischen Familie von Gelehrten und Rabbinern entstammten. Ausgehend von bescheidenen Kohlegeschäften mit der Nordbahn entwickelte sich ein florierender und aufstrebender Betrieb mit Filialen von Wien über Brünn bis Budapest. Dank dieses Filialnetzes garantierten die Brüder die Zustellung der Kohle in jeden Haushalt innerhalb von 24 Stunden. Durch den Kauf verschiedener Kohlegruben in Oberschlesien wurden die Gebrüder Gutmann auf dem Gebiet des Kohlebergbaus zum führenden Unternehmen in Österreich-Ungarn. Im Jahr 1865 begann die Zusammenarbeit mit den Unternehmen von Baron Anselm Rothschild. Gemeinsam erwarben sie die Wittkowitzer Eisenwerke, die bald zu einem der führenden Eisen verarbeitenden Unternehmen der Monarchie aufstiegen. Der Betrieb bestand bis zum Einmarsch der Nationalsozialisten in die Tschechoslowakei und wurde kurz darauf den Hermann-Göring-Werken in Linz eingegliedert.

Auf die Gebrüder Gutmann gehen zahlreiche wohltätige Stiftungen zurück. 1856 gründete Wilhelm von Gutmann mit dem Industriellen Bernhard Pollak das Bet ha-Midrasch, die Talmud-Thora-Schule in der Malzgasse, die der Pflege der jüdischen Wissenschaften dienen sollte. 1870 war er Mitbegründer der Israelitisch-Theologischen Lehranstalt, die bestausgebildete jüdische Gelehrte hervorbringen sollte. Ab den 1860er-Jahren war er im Vorstand der Israelitischen Kultusgemeinde in Wien als Bethausvorsteher tätig und für die Bereiche Unterricht und Finanzen zuständig, von 1891 bis 1893 war er Präsident der Kultusgemeinde. Die Gebrüder Gutmann förderten auch die 1860 in Wien gegründete Alliance Israélite – die es sich zur Aufgabe gestellt hatte, den in drückender finanzieller und geistiger Not lebenden Juden in Osteuropa beizustehen und um ihre Befreiung von religiöser Intoleranz zu kämpfen – und den Verein zur Abwehr des Antisemitismus, der vom Ehepaar Arthur (1850–1902) und Bertha (1843–1914) von Suttner gemeinsam mit Marie von Ebner-Eschenbach geleitet wurde. Das Engagement der Brüder Gutmann ging aber weit über rein jüdische Interessen hinaus. So stifteten sie Geld für die Poliklinik, die Rudolfinerstiftung und den Philanthropischen Verein.

Toleranzpatent

Der Erlass des Toleranzpatents vom 2. Jänner 1782 führte zu wesentlichen Neuerungen im Verhältnis von Juden und Staat. Auf weltlicher Ebene brachte das Toleranzpatent zahlreiche Vorteile mit sich, auch wenn es nach wie vor nicht darum ging, Juden zu gleichberechtigten Staatsbürgern zu machen. Das von Joseph II. nicht verschwiegene Ziel war, wichtige Bevölkerungsgruppen in das Wirtschaftsleben zu integrieren, um sie somit dem Staat nützlicher zu machen. Juden sollten nun öffentliche Schulen besuchen und jede Art von Handel und Gewerbe erlernen und ausüben dürfen. Es gab keine Bekleidungsvorschriften mehr und das Ausgangsverbot an christlichen Feiertagen wurde aufgehoben. Um den Zuzug von Juden nach Wien zu kontrollieren, wurde allerdings nach wie vor zwischen Tolerierten und Nichttolerierten unterschieden. Die sogenannten Tolerierten mussten für das Aufenthaltsrecht in Wien weiterhin Steuern bezahlen.

Für jene Juden des Kaiserreichs, die weiterhin nach ihren religiösen Traditionen leben wollten, brachte das Toleranzpatent jedoch Einschränkungen: Die autonomen Strukturen jüdischer Gemeinden sollten aufgehoben werden, zur besseren Kontrolle durften Juden ihre Geschäftsbücher nicht mehr in hebräischer oder jiddischer Sprache führen und der religiöse Unterricht sollte zugunsten einer allgemeinen Schulbildung aufgegeben werden.

Trotz aller Nachteile stellte das Toleranzpatent den Ausgangspunkt einer Entwicklung dar, die schließlich zur vollständigen Gleichberechtigung führte.

Wir Joseph der Zweyte,

von Gottes Gnaden erwählter Römischer Kaiser, zu allen Zeiten Mehrer des Reiches, König in Germanien, Hungarn, und Böheim ꝛc. Erzherzog zu Oesterreich, Herzog zu Burgund, und Lotharingen ꝛc. ꝛc.

Entbieten jedermann Unsere Gnade, und geben euch hiemit gnädigst zu vernehmen:

Von Antretung Unserer Regierung an, haben Wir es einen Unserer vorzüglichsten Augenmerke seyn lassen, daß alle Unsere Unterthanen, ohne Unterschied der Nazion und Religion, sobald sie in Unseren Staaten aufgenommen und geduldet sind, an dem öffentlichen Wohlstande, den Wir durch Unsere Sorgfalt zu vergrößern wünschen, gemeinschaftlichen Antheil nehmen, eine gesetzmäßige Freyheit genießen, und auf jedem ehrbaren Wege zu Erwerbung ihres Unterhalts, und Vergrößerung der allgemeinen Aemsigkeit kein Hinderniß finden sollten.

Da nun mit dieser Unserer gnädigsten Absicht die gegen die jüdische Nazion überhaupt in Unseren Erbländern, und insbesondere zu Wien und in Niederösterreich bestehenden Gesetze, und sogenannten Judenordnungen nicht durchaus zu vereinbaren sind, so wollen Wir dieselben Kraft gegenwärtigen Patents in sofern abändern, als es die Verschiedenheit der Zeit und Umstände nöthig machen.

1. Zwar geht Unser höchster Wille keineswegs dahin, der in Wien wohnenden Judenschaft in Beziehung auf die äußere Duldung eine Erweiterung zu gewähren, sondern bleibt es auch in Hinkunft dabey, daß dieselbe keine eigentliche Gemeinde unter einem besondern Vorsteher ihrer Nazion ausmachen, sondern, wie bisher, jede einzelne Fa

Faksimile des Toleranzpatents.

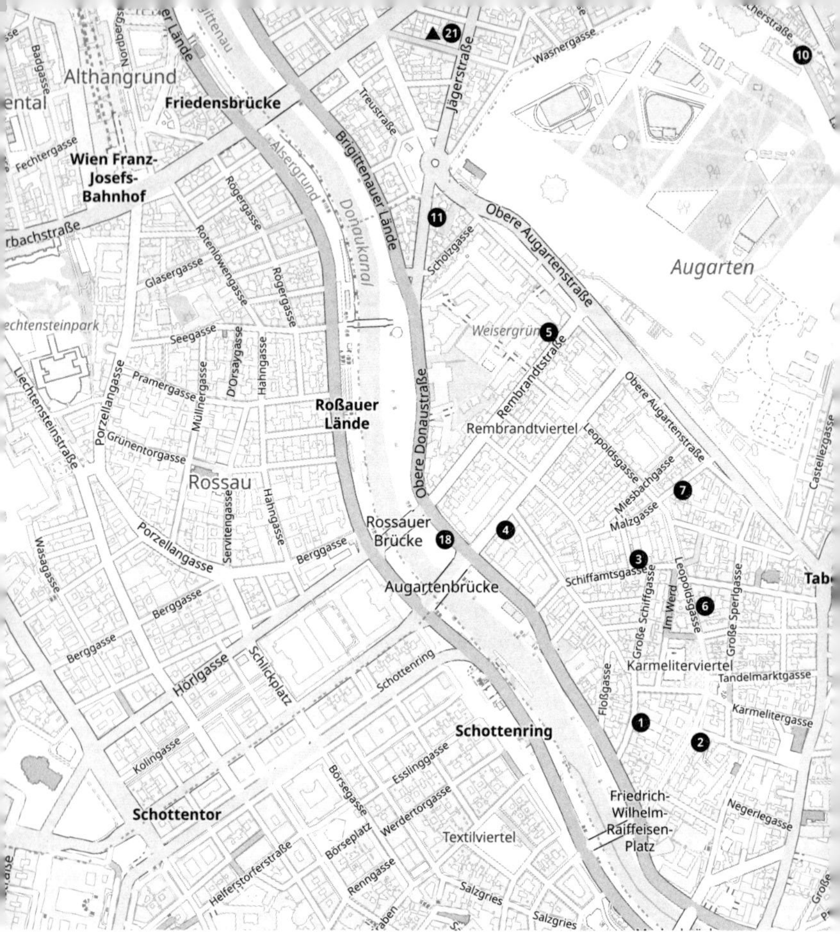

»Mazzesinsel«

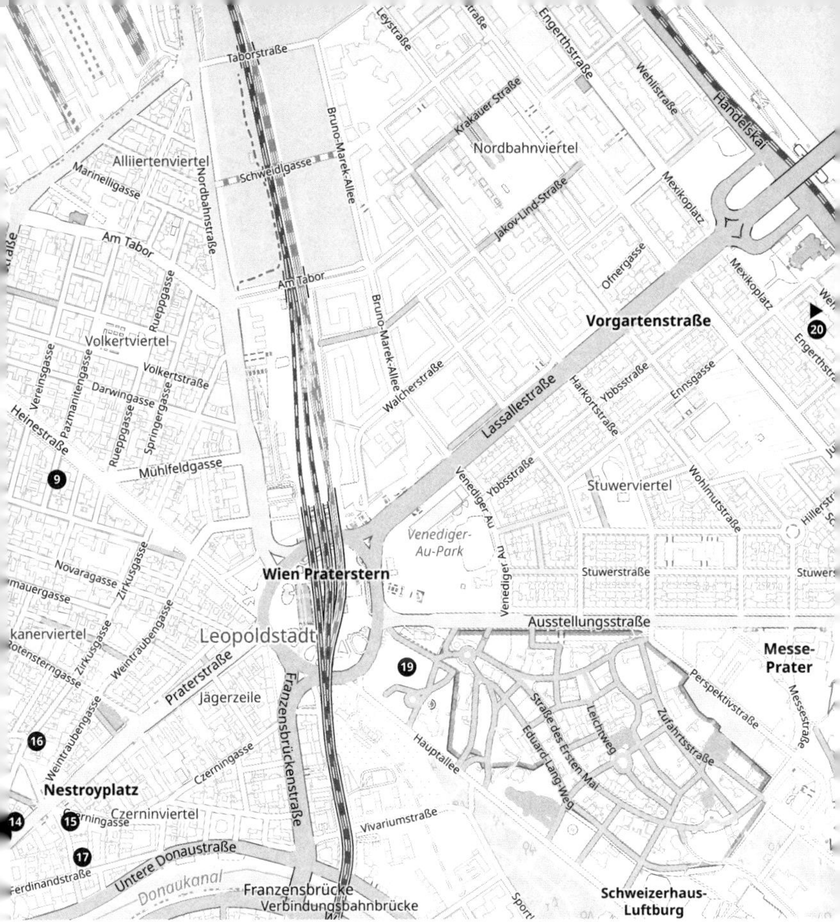
Taborstraße
Leystraße
Engerthstraße
Wehlistraße
Handelskai
Bruno-Marek-Allee
Krakauer Straße
Nordbahnviertel
Alliiertenviertel
Marinelligasse
Schweidlgasse
Nordbahnstraße
Jakov-Lind-Straße
Mexikoplatz
Am Tabor
Ofnergasse
Rueppgasse
Vorgartenstraße
Volkertviertel
Volkertstraße
Walcherstraße
Vereinsgasse
Pazmanitengasse
Darwingasse
Springergasse
Lassallestraße
Harkortstraße
Ybbsstraße
Ennsgasse
Heinestraße
Mühlfeldgasse
Venediger Au
Stuwerviertel
Wohlmutstraße
Hillerstraße
Venediger-Au-Park
Novaragasse
Zirkusgasse
Wien Praterstern
Stuwerstraße
Ausstellungsstraße
Weintraubengasse
Leopoldstadt
Rotensterngasse
Praterstraße
Messe-Prater
Perspektivstraße
Messestraße
Jägerzeile
Franzensbrückenstraße
Straße des Ersten Mai
Leichtweg
Zufahrtsstraße
Eduard-Lang-Weg
Hauptallee
Czerningasse
Nestroyplatz
Czerninviertel
Vivariumstraße
Untere Donaustraße
Ferdinandstraße
Donaukanal
Franzensbrücke
Verbindungsbahnbrücke
Schweizerhaus-Luftburg
9
14
15
16
17
19
20

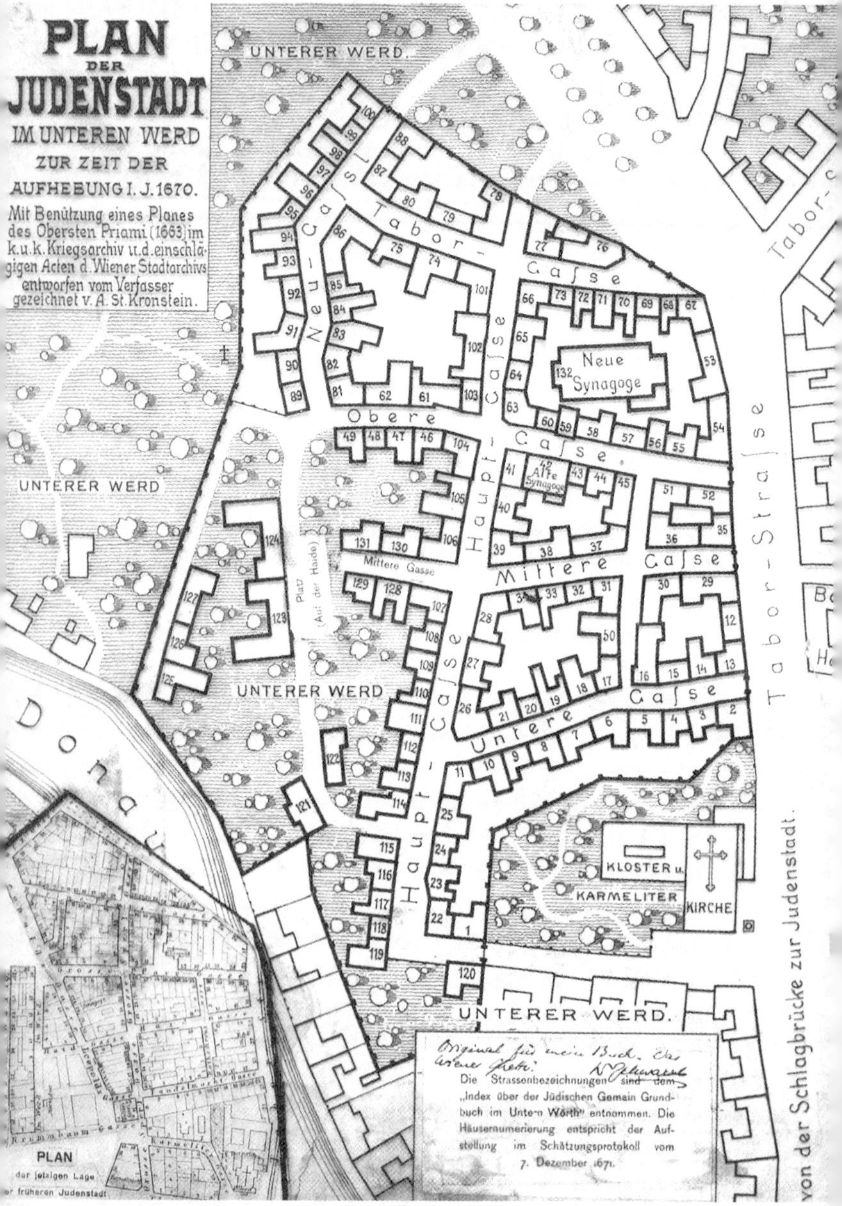

»Mazzesinsel«

Die Leopoldstadt, die »Mazzesinsel«

Heute jenseits des Donaukanals, früher inmitten der sich weit verzweigenden Donauarme liegt die Leopoldstadt, vom Volksmund auch als »Mazzesinsel« bezeichnet. Durch die Eingemeindung und Zusammenlegung einiger Vorstädte Wiens im Jahr 1850 wurde dieser Vorort zum zweiten Gemeindebezirk.

Der Begriff Leopoldstadt erinnert an die zweite Gesera, die zweite große Vertreibung der Juden aus Wien; die Bezeichnung »Mazzesinsel« spielt auf das feuchte Gebiet innerhalb der Donauarme an (*Mazzes* ist der jiddische Ausdruck für *Mazzot*, das ungesäuerte Brot, das während des Pessachfests gegessen wird). Vom Ghetto des 17. Jahrhunderts bis zum heutigen Tag ist die Leopoldstadt Zentrum jüdischen Lebens in Wien.

Die Praterstraße verdankt ihren Namen dem kaiserlichen Jagd- und Belustigungsrevier Prater. 1766 öffnete Kaiser Joseph II. Teile des Praters und den Augarten für die Wiener Bevölkerung und leitete damit einen Umschwung in der Leopoldstadt ein. Die Straßen zu den grünen Toren vor der Stadt wurden erweitert und im ersten Viertel des 19. Jahrhunderts bekam die Jägerzeile ihren neuen Namen Praterstraße. Diese entwickelte sich damals neben dem Ring zum prominentesten Straßenzug Wiens, wo sich der Adel niederließ, aber auch zahlreiche Cafés und Hotels entstanden.

Rund um die Praterstraße entwickelte sich im ausgehenden 18. Jahrhundert das Zentrum des Wiener Theaterlebens; vor allem das sogenannte Vorstadttheater erlebte hier seinen Höhepunkt. Im Gegensatz zum elitären Ring mischten sich entlang der Praterstraße die sozialen und ethnischen Gruppen zu einem bunten Durcheinander.

Die einstmalige Pracht der Praterstraße, deren Spuren auch heute noch zu finden sind, darf jedoch nicht darüber hinwegtäuschen, dass nirgendwo in Wien Wohlstand und bitterste Armut so eng beieinander lagen wie in dieser Umgebung.

Schiffschul

II., Große Schiffgasse 8

Bis zum Jahr 1938 stand hier die 1864 errichtete Synagoge der Großen Schiffgasse. Nur eine bescheidene Gedenktafel erinnert noch an die sogenannte Schiffschul, eines der größten jüdischen Gotteshäuser Wiens und das Zentrum der Wiener Orthodoxie. In der Nacht auf den 10. November 1938 wurde die Synagoge verwüstet und brannte vollständig aus. Vor dem Gebäude errichtete der Pöbel mit Gegenständen aus der Synagoge einen Scheiterhaufen, auf dem Thorarollen und Gebetbücher verbrannt wurden.

NS-Deportationssammellager

II., Kleine Sperlgasse 2 a

Die Gedenktafel erinnert daran, dass sich hier in den Jahren 1941 bis 1943 ein NS-Sammellager für Juden befand. Im Zuge der »Arisierung« wurden Juden aus ihren Wohnungen vertrieben und in sogenannte Sammellager eingewiesen, von denen aus die Deportation in die Vernichtungslager erfolgte.

Israelitische Kinderbewahranstalt

II., Schiffamtsgasse 15

An dieser Adresse befand sich die Israelitische Kinderbewahranstalt, die das renommierteste Beispiel für die hervorragenden Leistungen der Kultusgemeinde im Bereich der Kinder- und Jugendfürsorge darstellte. Bereits im Jahr 1843 gegründet, also zehn Jahre vor der offiziellen Konstituierung der Kultusgemeinde, wurden hier die neuesten Erkenntnisse der damaligen Pädagogik umgesetzt.

Joseph von Wertheimer (1800–1887), der sich bereits im Jahr 1825 mit aus England kommenden neuen Methoden der Kindererziehung beschäftigt hatte, war die treibende Kraft und auch wichtigster Finanzier dieser Anstalt. Sein Interesse für die Kindererziehung war so groß, dass er selbst Bücher zu diesem Thema verfasste. Die Kinderbewahranstalten sah er als eine notwendige Ergänzung zum Familienleben und gleichzeitig, ganz dem paternalistischen Gedankengut des 19. Jahrhunderts verpflichtet, als wohltätige Institutionen für die sittliche, geistige und materielle Hebung der Armen. 1830 gründete er gemeinsam mit dem katholischen Geistlichen Johann Lindner den ersten Kindergarten in Wien. 1858 wurde in der Schiffamtsgasse das von dem berühmten Theaterarchitekten Ferdinand Fellner (der Ältere, 1815–1871) geplante Gebäude für die Kinderbewahranstalt eröffnet.

Joseph von Wertheimer war der zweite Präsident der Kultusgemeinde. 1860 wurde er aufgrund seiner philanthropischen Aktivitäten und seiner Verdienste um die österreichische Wirtschaft zum Ritter des Franz-Joseph-Ordens ernannt.

Ruth-Maier-Park

II., Obere Donaustraße 43

Ruth Maier (1920–1942) wurde am 10. November 1920 als Tochter jüdischer Eltern in Wien geboren. Nach der Machtübernahme der Nationalsozialisten im Jahr 1938 wurde das Leben ihrer Familie auf den Kopf gestellt. Ruths jüngere Schwester Judith gelangte mit einem Kindertransport nach England in Sicherheit, ihrer Mutter Irma (1895–1964) gelang später ebenfalls dic Emigration dorthin.

Ruth Maier selbst floh nur wenige Wochen nach den Novemberpogromen auf eigene Faust ins vermeintlich sichere Norwegen. Doch kurze Zeit später wurde auch ihr neuer Zufluchtsort von den Nationalsozialisten besetzt, welche Juden systematisch ausforschten und in Konzentrationslager deportierten. 1942 wurde Ruth Maier nach Auschwitz deportiert, wo sie noch im selben Jahr ermordet wurde.

In jungen Jahren hatte Maier begonnen, Tagebücher zu schreiben. Darin hielt sie mit scharfem Verstand die Geschehnisse und Erfahrungen fest, die sie bewegten. Sie reflektierte über Persönliches genauso wie über die Entwicklungen seit der Machtübernahme der Nationalsozialisten in Wien. Dank Maiers enger Freundin Gunvor Hofmo (1921–1995), einer bekannten norwegischen Dichterin, konnten diese Zeitdokumente, zu denen auch Briefe gehören, den Krieg überdauern.

Im Jahr 2007 gab der norwegische Schriftsteller Jan Erik Vold die Tagebücher der Ruth Maier erstmals in einem Buch heraus. Dieses sorgte international für Aufsehen und wurde daraufhin in mehrere Sprachen übersetzt. Häufig wird bei der Autorin der Vergleich zu Anne Frank (1929–1945) gezogen.

Die Eltern Ludwig (1882–1933) und Irma Maier wurden auf dem Döblinger Friedhof beigesetzt. Die Grabsteininschrift wurde durch »In memoriam Ruth Maier« ergänzt. 2021 wird vor dem Rudolf-Sigmund-Hof im Bezirk Währing eine Tafel enthüllt, welche an Ruth Maier und weitere aus diesem Gemeindebau vertriebene Juden, die zum Opfer des Holocaust wurden, erinnern soll. Zudem trägt der Park gegenüber dem Haus an der Oberen Donaustraße 43 Maiers Namen – es war ihr letzter Wohnort in Wien.

Freie Jüdische Volksbühne

II., Untere Augartenstraße 8

In diesem Gebäude nahm 1920 die Freie Jüdische Volksbühne Unterkunft, die sich auf eine literarische Form des jiddischsprachigen Theaters spezialisiert hatte. Das rasche Anwachsen der jüdischen Bevölkerung in der Leopoldstadt brachte zur Jahrhundertwende auch eine Veränderung des Wiener Theaterlebens mit sich. Die Theatertraditionen der jüdischen Zuwanderer vermischten sich zusehends mit den örtlichen Spezifika, sowohl was Sprache als auch Inhalt betraf. So entstanden in der Leopoldstadt einige Bühnen, die Werke ostjüdischer Dichter in jiddischer Sprache spielten.

Durch die Anlehnung des Jiddischen an das Deutsche entwickelte sich eine eigene Sprache, die abwertend als Jargon bezeichnet wurde und später als »Jiddeln« in antisemitische Witze Eingang fand.

Joseph-Roth-Wohnhaus

II., Rembrandtstraße 35

Joseph Roth, 1894 in Brody in Galizien geboren, studierte in Lemberg und Wien Germanistik. Als Journalist kritisierte er scharfzüngig das Weltgeschehen, u. a. war er langjähriger Korrespondent der renommierten *Frankfurter Zeitung*. 1920 ging Roth nach Berlin, 1933 emigrierte er nach Paris, wo er engagiert gegen nationalsozialistische Verbrechen anschrieb und sich für ein unabhängiges Österreich einsetzte. In Paris starb er 1939 an den Folgen seines Alkoholismus.

Seine großen Erfolge feierte Roth durch die Darstellung der Habsburgermonarchie kurz vor deren Untergang (*Radetzkymarsch*, 1932 sowie *Die Kapuzinergruft*, 1938). Aus Galizien stammend, verstand es Roth auch, das Leben der Ostjuden in eindrücklicher, wenn auch oft idealisierender Weise zu schildern.

Immer wieder kehrte Roth nach Wien zurück, wo er an verschiedenen Adressen lebte; in den Jahren 1935 bis 1937 wohnte er mit Unterbrechungen im Hotel Bristol am Kärntner Ring.

Polnische Schul

II., Leopoldsgasse 29

An der Stelle der sogenannten Polnischen Schul steht heute ein Wohnhaus. Lediglich eine 1990 enthüllte Tafel erinnert an die frühere Synagoge, die 1893 von Wilhelm Stiassny (1842–1910) errichtet wurde.

Geistiges Oberhaupt der polnischen Juden war Lazar Horowitz (1803–1868); Mayer Schorr (1856–1913) wirkte zudem als Oberkantor, welcher durch die Wiederbelebung

Die Polnische Schul vor ihrer Zerstörung.

des östlichen Synagogalgesangs berühmt wurde. Der Tempel wurde im Jahr 1938 während der Novemberpogrome verwüstet und danach abgerissen.

Talmud-Thora-Schule, altes Jüdisches Museum

II., Malzgasse 16

Hier betrieb der um 1814 ins Leben gerufene Talmud-Thora-Schulverein sowohl eine Schule als auch eine Synagoge. Die Schule wurde 1854 gegründet und erhielt 1867, dem Jahr der rechtlichen Gleichstellung der Juden in Österreich, das Öffentlichkeitsrecht für Volksschulen und knapp 70 Jahre später auch für die Hauptschule. 1906 wurden das Schulgebäude und die Synagoge mit etwa 100 Sitzplätzen vom Architekten Theodor Schreier (1873–1943) neu erbaut.

Knaben und Mädchen wurden und werden weiterhin getrennt unterrichtet – die Räumlichkeiten für die Mädchen befanden sich schräg gegenüber in der Malzgasse 7, im Dr.-Krüger-Heim, sind heute aber ebenfalls im Haus Malzgasse 16 untergebracht. Die Schule wurde von dem hoch angesehenen Rabbiner Joel Pollak (1889–1973) geführt und galt im In- und Ausland als Eliteschule.

Im Oktober 1938 wurde auf das Haus ein Brandanschlag verübt. Während der Novemberpogrome wenig später wurde es erneut in Brand gesetzt, jedoch nicht völlig zerstört. Die Bausubstanz blieb erhalten, das Lehrpersonal wurde misshandelt. Im Februar 1939 wurde die Talmud-Thora-Schule aufgelöst, die Schüler mussten in die Castellezgasse 35 übersiedeln.

Indessen wurde dem Schulverein der Besitz entzogen und das Gebäude der IKG übertragen, welche es auf eigene Kosten in ein Altersheim umfunktionieren musste. Dieses bestand zwischen November 1939 und Juni 1942, als die »Zentralstelle für jüdische Auswanderung« hier ein Sammellager errichten ließ, welches bis Oktober 1942 bestand. Daraufhin wurde ein Großteil der Bewohner deportiert.

1946 nahm die Schule unter schwierigsten Bedingungen den Unterricht wieder auf. Das Haus Malzgasse 16 wurde erst im

Jahr 1955 an den Schulverein Machsike Hadass übergeben, bereits ein Jahr später konnte die Talmud-Thora-Schule neuerlich öffnen. Seit 1978 besitzen Volks- und Hauptschule wieder das Öffentlichkeitsrecht, sie erfüllen die erzieherischen Bedürfnisse der Orthodoxie und widmen sich der Vermittlung traditioneller religiöser Inhalte.

In der Malzgasse 16 war ab 1911 auch das alte Jüdische Museum der Gesellschaft zur Sammlung und Konservierung von Kunst und historischen Denkmälern des Judentums untergebracht. Diese war 1893 gegründet worden und hatte sich die Aufgabe gestellt, Erzeugnisse der Literatur, Kunst und Wissenschaft, welche auf die politische und kulturelle Geschichte der Juden Bezug nehmen, zu sammeln und aufzubewahren. Mit der Eröffnung der Räumlichkeiten in der Rathausstraße 13 war 1895 in Wien das weltweit erste jüdische Museum entstanden, das nach mehreren Standortwechseln 1911 in die Malzgasse zog.

Nach dem »Anschluss« wurde das Museum von den Nationalsozialisten sofort geschlossen, ein Teil der Sammlung mutwillig zerstört, ein Teil geraubt. 1939 wurde der noch vorhandene Bestand beschlagnahmt und dem Wiener Museum für Völkerkunde (heute Weltmuseum) übergeben. Einzelne Objekte gingen an die Nationalbibliothek, an die Universitätsbibliothek und an das Naturhistorische Museum, das 1939 einige Kultgegenstände für eine antisemitische Ausstellung verwendete. Zu Beginn der 1950er-Jahre restituierte das Völkerkundemuseum den Bestand des ehemaligen Jüdischen Museums an die Israelitische Kultusgemeinde. Seit 1993 ist diese Sammlung im Jüdischen Museum Wien zu sehen.

2018 entdeckte der Schulverein Machsike Hadass bislang unbekannte Kellerräume im Haus in der Malzgasse, welche vollständig mit Abbruchmaterial aus den Zerstörungen von Schule, Synagoge und Jüdischem Museum im Zuge der Novemberpogrome ausgefüllt waren. Objekte, die im Schutt geborgen werden konnten, wurden 2019/2020 in einer Sonderausstellung im Haus der Geschichte Österreich in Wien gezeigt.

Ehemalige Zwi-Perez-Chajes-Schule

II., Castellezgasse 35

Zwi Perez Chajes entstammte einer galizischen Rabbinerfamilie. Er erhielt sowohl eine profunde jüdische Schulung als auch eine allgemeine Ausbildung. Chajes ging nach Wien, um an der Universität zu studieren, aber auch um seine Ausbildung zum Rabbiner zu beenden. Er schloss sich sehr früh der zionistischen Bewegung an und wurde während seiner Lehrtätigkeit in Florenz zum wichtigsten Propagandisten des Zionismus in Italien. Nach seiner Tätigkeit als Rabbiner in Triest kehrte Chajes 1918 als Oberrabbiner nach Wien zurück.

Seinen pädagogischen Bemühungen verdankt Wien sein erstes jüdisches Realgymnasium, das ab 1921 auch über das Öffentlichkeitsrecht verfügte. Ab 1923 war ihr Standort in der Castellezgasse 35 in der Leopoldstadt. Im Gegensatz zu anderen jüdischen Bildungseinrichtungen wurden hier Mädchen und Jungen gemeinsam unterrichtet.

1939 wurde die Zwi-Perez-Chajes-Schule von den Nationalsozialisten geschlossen und zwei Jahre später in ein Sammellager für Juden umgewandelt. Die zur Deportation bestimmten Personen wurden meist nachts aus ihren Wohnungen abgeholt und in die Sammelorte überstellt, von wo aus der Abtransport in die Konzentrationslager erfolgte.

Erst 1980 konnte der Schulbetrieb wieder aufgenommen werden. Anlässlich des zehnjährigen Wiederbestehens brachten Schüler des Gymnasiums im Jahr 1990 eine Gedenktafel für die Opfer der Deportationen an. 2008 übersiedelte die Zwi-Perez-Chajes-Schule an ihren heutigen Standort, einen neugebauten Campus in der Simon-Wiesenthal-Gasse 3.

Innenraum des Pazmanitentempels, 1913.

Pazmanitentempel

II., Pazmanitengasse 6

An dieser Stelle stand der von Ignaz Reiser (1863–1940) entworfene Pazmanitentempel, der 1911/12 gemeinsam mit einem Gemeindezentrum errichtet worden war. Reiser gelang es mit diesem Gebäude, den Übergang von Historismus und Jugendstil zur Moderne zu vollziehen. Gekennzeichnet war die Synagoge von außen durch sparsam eingesetztes Dekor und die Verwendung von roh behauenen Steinen. Die abgerundeten Turmstümpfe verliehen dem Gebäude eine eigenartige Monumentalität. Der Innenraum glich einer dreischiffigen Basilika, ein umlaufender Balkon beherbergte die Frauenempore.

Auch dieser Tempel wurde 1938 zerstört. Die Überreste blieben während des Kriegs zunächst noch bestehen, wurden aber noch vor Kriegsende endgültig beseitigt.

Lauder-Chabad-Campus

II., Rabbiner-Schneerson-Platz

Der Lauder-Chabad-Campus wurde 1999 dank der großzügigen Unterstützung der Ronald Lauder Foundation errichtet. Für die Architektur war Adolf Krischanitz verantwortlich, der zuvor den jüdischen Kindergarten im Prater entworfen hatte. Der großzügig gestaltete Campus an der Nordseite des Augartens beherbergt Kindergarten, Volksschule, Mittelschule und eine pädagogische Akademie. Auch die Lauder-Chabad-Schule besitzt das Öffentlichkeitsrecht, sodass die Absolventen des Realgymnasiums über eine österreichische Matura verfügen. Der Lauder-Chabad-Campus beherbergt eine vielzahl von Schulformen vom Kindergarten bis zur Handelsschule.

Arnold-Schönberg-Geburtshaus

II., Obere Donaustraße 5

In diesem Haus kam im Jahr 1874 Arnold Schönberg als Sohn des Kaufmanns Samuel Schönberg (1838–1889) und seiner Frau Pauline (1848–1921), geborene Nachod, zur Welt. Bereits im Alter von acht Jahren brachte er sich selbst das Geigenspiel bei und begann zu komponieren. Da ihn wenig mit dem jüdischen Glauben verband, trat er 1898 in der Kirche in der Dorotheergasse 18 zum evangelischen Glauben über.

Mit Alexander von Zemlinsky, einem Vorreiter der musikalischen Moderne, verband ihn eine lebenslange Freundschaft; 1901 heiratete Schönberg dessen Schwester Mathilde (1877–1923). In der sogenannten Zweiten Wiener Schule setzte Arnold Schönberg gemeinsam mit Alban Berg (1885–1935) und Anton Webern (1883–1945) fort, was Gustav Mahler, Franz Schreker (1878–1934) und Zemlinsky begonnen hatten. Die Gruppe um Schönberg forcierte mit der Aufhebung der traditionellen Gesetze der Tonalität die Ablösung der romantischen Musik des 19. Jahrhunderts. Unverständnis seitens des Publikums sowie zahlreiche Skandale waren ständige Lebensbegleiter des großen Komponisten.

Schönbergs Musik löste einen wahrhaftigen Kulturschock aus. Einige Uraufführungen von Schönbergs Werken wurden von der Presse mit Missfallen und vom bürgerlichen Publikum mit lautstarken Protesten aufgenommen. Im Jahr 1913 wurde ein Konzert im Musikvereinssaal abgebrochen, weil das Publikum randalierte; der Saal musste geräumt werden.

Zwischen 1920 und 1923 befasste sich Schönberg mit einer neuen Kompositionsmethode, mit der er schließlich zu Weltruhm gelangen sollte: der sogenannten Zwölftontechnik. Im Jahr 1926 übersiedelte er nach Berlin, wo er Mitglied der Berliner Akademie wurde.

Schönberg gehörte zu den wenigen Zeitgenossen, die den verbalen Antisemitismus richtig einschätzten. Er schrieb schon 1923 an seinen Freund Wassily Kandinsky (1866–1944): »Wozu aber soll der Antisemitismus führen, wenn nicht zu Gewalttaten? Ist es so schwer, sich das vorzustellen?« Nach der Machtergreifung Hitlers im Jahr 1933 wurde Schönberg aus »rassischen« Gründen entlassen. Zusammen mit seiner Frau und seiner Tochter emigrierte er zuerst nach Paris, wo er zum jüdischen Glauben zurückkehrte. Dabei fungierte Marc Chagall (1887–1985) als Zeuge. Danach ging Schönberg in die USA, wo er in Los Angeles 1936 an der University of California einen Lehrstuhl erhielt.

1951 verstarb Schönberg im amerikanischen Exil im Bewusstsein der Tatsache, »dass volles Verstehen meiner Werke für einige Jahrzehnte nicht erwartet werden kann«. Der Rang Arnold Schönbergs als einer der bedeutendsten Komponisten des 20. Jahrhunderts ist heute unbestritten. In Wien bekam er ein Ehrengrab auf dem Zentralfriedhof (Gruppe 32 c, Nummer 21 a).

Arthur-Schnitzler-Geburtshaus

II., Praterstraße 16

Hier, in der ehemaligen Jägerzeile 16, wurde Arthur Schnitzler als Sohn des berühmten Kehlkopfspezialisten und Direktors der Allgemeinen Wiener Poliklinik Johann Schnitzler (1835–1893) und seiner Frau Luise (1840–1911) geboren. Seinen Großeltern,

Das Carltheater in der Jägerzeile, wo der junge Arthur Schnitzler zarte Bande zum Theater knüpfte.

die einige Häuser weiter im Gebäude des Carltheaters wohnten, verdankte Arthur Schnitzler die ersten Kontakte zum Theater.

Schnitzler, der wie sein Vater Medizin studiert hatte, widmete sein literarisches Werk dem Kampf gegen Lüge und Heuchelei. Auf Grund seiner kompromisslosen Darstellungen war er des Öfteren heftigen – auch antisemitischen – Angriffen ausgesetzt.

Nach der Veröffentlichung der Novelle *Leutnant Gustl* (1900), in der Schnitzler schonungslos den sinnentleerten Ehrenkodex der k. u. k. Armee darstellte, wurde ihm der Offiziersrang aberkannt. Das Drama *Professor Bernardi* (1912), das als frühe Warnung vor dem Antisemitismus verstanden werden kann, konnte aus Zensurgründen zunächst nicht aufgeführt werden. *Der Reigen*, von zeitgenössischen Verlegern als unverkäuflich eingestuft, wurde im Jahr 1900 auf Schnitzlers Kosten in einer Stückzahl von nur 200 gedruckt.

Im Zuge der Uraufführung 1920 in Berlin kam es zu einem Skandal: Nur wenige Stunden vor der Premiere wurde die Vorstellung vom preußischen Kultusministerium verboten worden, den Verantwortlichen am Theater drohten bei Missachtung mehrwöchige Haftstrafen. Daraufhin trat die Schauspielerin Gertrud Eysoldt (1870–1955) auf die Bühne und verkündete, dass das Ensemble sich trotz der Androhungen nicht daran hindern ließe, das Stück aufzuführen – die Vorstellung fand regulär statt.

Eysoldts Eintreten für die Freiheit der Kunst und gegen die Verleumdung Schnitzlers als »unsittlichen Schriftsteller« wurde danach im sogenannten »Reigenprozess« vor Gericht verhandelt. Das Verbot des *Reigens* wurde aufgehoben, die Angeklagte wurde später als »erste Feministin des deutschen Theaters« gefeiert.

Arthur Schnitzler verkehrte in den Literatencafés Central, Imperial und Griensteidl, wo er im Jahr 1891 Hermann Bahr kennenlernte, in dessen Haus er sich häufig aufhielt – ebenso wie bei Hugo von Hofmannsthal und im Salon von Berta Zuckerkandl.

Theodor-Herzl-Wohnhaus

II., Praterstraße 25

Hier befand sich die erste Wohnung der Familie Herzl nach ihrer Übersiedlung von Budapest nach Wien. Theodor Herzl bewohnte sie bis 1882. Durch häufiges Umziehen brachte es Herzl auf acht Wohnadressen in der Stadt. Seine letzte war die Haizingergasse 29 im 18. Bezirk.

Herzl wurde 1860 als Sohn einer bürgerlichen, assimilierten Familie in Budapest geboren. In Wien studierte er Rechtswissenschaften. Seine Pläne, Richter zu werden, gab er aber bald auf. Er verfasste Theaterstücke und war Mitarbeiter der bedeutendsten deutschsprachigen Zeitung in der Habsburgermonarchie, der *Neuen Freien Presse*. Als deren Auslandskorrespondent war er in den 1890er-Jahren in Paris, wo er die Dreyfus-Affäre miterlebte, die für seinen Gesinnungswechsel ausschlaggebend wurde: Nicht mehr die Assimilation, sondern einen jüdischen Nationalstaat sah Herzl als einzige Lösung für die »Judenfrage«. 1896 veröffentlichte er seine Schrift *Der Judenstaat*, in der er sich für die Gründung eines eigenen jüdischen Staats aussprach. Herzl gilt damit als Begründer des politischen Zionismus. 1897 gründete er die zionistische Wochenzeitung *Die Welt* mit Sitz in der Universitätsstraße 6–8 im 9. Bezirk. Ab 1927 wurde sie von Robert Stricker (1879–1944) herausgegeben und nach der Staatsgründung Israels als *Neue Welt* wieder ins Leben gerufen. Mit der Erweiterung des inhaltlichen Spektrums in den 1970er-Jahren erhielt die Zeitung den Titel *Illustrierte Neue Welt*, unter welchem sie noch heute in Wien publiziert wird. Theodor Herzl starb am 3. Juli 1904 im Alter von nur 44 Jahren in Edlach an der Rax.

Roland-Bühne

II., Praterstraße 25

Im Fürstenhof, erbaut vom Otto-Wagner-Schüler Rudolf Perco (1884–1942), wurde von 1814 bis 1950 mit einigen kurzen Unterbrechungen Theater gespielt. Nach der Fertigstellung zog zunächst das Budapester Orpheum hier ein, das zuvor im Hotel Stephanie in der Taborstraße beheimatet gewesen war. Es war die erste große jüdische Theatergruppe, die in Wien Fuß fassen konnte; ihr Name verwies auf die Herkunft der Gründer.

Der Durchbruch gelang dem Ensemble 1890 mit dem Einakter *Die Klabriaspartie*, der bis ins Jahr 1925 über eintausendmal gespielt wurde. Mit von der Partie waren spätere Stars wie Hans Moser, Armin Berg oder Sigi Hofer (eigentlich Siegfried Schulhof, 1878–1933). Nach dem Zusammenbruch der Monarchie übernahm Emil Richter-Roland (1876–1948) das Theater, das unter dem Namen Roland-Bühne ein ähnliches Programm bot wie zuvor das Budapester Orpheum. Dieses war nach 1918 wieder an seiner ursprünglichen Spielstätte in der Taborstraße zu sehen. Auch die Roland-Bühne hatte mit der großen Theaterkrise der 1920er-Jahre zu kämpfen; in den letzten Jahren überlebte sie vor allem durch Aufführungen des späteren israelischen Nationaltheaters Habima und der Jüdischen Bühne. 1929 wurde sie geschlossen.

Frühe Publikumslieblinge: Das Budapester Orpheum, das seine große Zeit auf der Leopoldstädter Roland-Bühne erlebte.

In den Jahren danach gab es verschiedene Besitzer, das Programm spiegelte die politischen Entwicklungen wider. Vorletzter Direktor des Theaters war ab 1946 Fritz Eckhardt (1907–1995). 1950 wurde die Roland-Bühne endgültig geschlossen, die Spuren einstiger Theatergröße sind kaum mehr sichtbar; im oberen Stockwerk ist heute noch die Guckkastenbühne erkennbar.

Auch Fritz Grünbaum, einer der Stars des Wiener Theater- und Varietélebens der 1920er-Jahre, war für die Roland-Bühne tätig. Bekannt wurde er aber vor allem durch seine Doppelconférencen mit Karl Farkas (1893–1971), welche die beiden jahrelang im Kabarett Simpl gaben. Grünbaum veröffentlichte Gedichtbände und Essays und schrieb Operettenlibretti, etwa für Franz Lehár (1870–1948), Leo Fall (1873–1925) und Emmerich Kálmán (1882–1953), sowie zahlreiche Theatertexte.

Auf seiner Flucht nach Brünn wurde er von der Gestapo verhaftet und ins Konzentrationslager Buchenwald verschleppt, wo er 1940 nach grausamen Misshandlungen starb.

Theater Nestroyhof Hamakom

II., Nestroyplatz

Der Nestroyhof wurde 1898 von Oskar Marmorek (1863–1909) erbaut. Der Architekt und Wegbegleiter Theodor Herzls widmete das Jugendstilgebäude seinem Schwiegervater Julius Schwarz (1851–1921), nachdem er ein Jahr zuvor dessen Tochter, die Malerin Nelly (1877–1944), geheiratet hatte. Das Haus wurde von Beginn an als jüdisches Kulturzentrum genutzt.

Zwischen 1904 und 1918 wurde der Theatersaal des Nestroyhofs von Emil Richter-Roland sowie Oskar Friedmann (1872–1929) bespielt. Zur Aufführung gelangten Stücke von Maxim Gorki (eigentlich Alexei Maximowitsch Peschkow, 1868–1936), August Strindberg (1849–1912) oder Frank Wedekind (1864–1918). Auf der Bühne fanden sich Größen wie Adele Sandrock (1863–1937), Egon Friedell oder Karl Kraus. Es war der erstmalige Versuch, in Wien ein dezidiert jüdisches Theater zu etablieren.

Ab 1927 leitete Jakob Goldfließ die sogenannten Jüdischen Künstlerspiele im Nestroyhof. Das Programm bearbeitete Themen wie Identität, Zionismus und Antisemitismus. In der Goldfließ-Ära gastierten zahlreiche internationale Theaterensembles in Wien, etwa jiddische Gruppen aus Budapest, Warschau oder Wilna sowie die bekannte hebräischsprachige Gruppe Habima.

Nach dem »Anschluss« wurde das gesamte Kulturzentrum im Nestroyhof geschlossen. Das Gebäude wurde daraufhin »arisiert« und an die Industriellenfamilie Polsterer vergeben. Die Familie ist zwar nach wie vor Eigentümerin des Hauses, konnte jedoch bereits 1952 in einem außergerichtlichen Restitutionsverfahren mit den letzten Erben eine Einigung erzielen.

Erst um die Jahrtausendwende begann man wieder mit der kulturellen Nutzung der ehemaligen Theaterräumlichkeiten. Schließlich wurde im Jahr 2009 das heute bestehende Theater Nestroyhof Hamakom (*ha makom* bedeutet *der Ort*) eröffnet. Es arbeitet an der Schnittstelle zwischen jüdischer Tradition und modernem Theater und leistet auf diese Weise nicht zuletzt wichtige Erinnerungsarbeit.

Sephardische Juden, aschkenasische Juden

Die Eroberung Granadas, der letzten maurischen Bastion, im Jahr 1492 gilt als Abschluss der spanischen Reconquista. Danach wurden die zu diesem Zeitpunkt im Land lebenden etwa 200 000 Juden gezwungen, innerhalb von vier Monaten Spanien zu verlassen oder sich taufen zu lassen. Rund 50 000 Juden traten zum Christentum über, die restlichen verließen das Land.

Viele flohen nach Portugal, wo es jedoch ebenfalls bald zu Zwangstaufen kam und ab 1536 die Inquisition zu wüten begann; andere gingen nach Nordafrika, Nordwesteuropa, Frankreich und in die Neue Welt. Der Großteil der Flüchtlinge fand jedoch Aufnahme im Osmanischen Reich. Im Zuge der türkischen Eroberungen gelangten die sephardischen Juden wieder westwärts und siedelten sich in den neu gewonnenen Gebieten an. So entstanden die großen sephardischen Gemeinden auf dem Balkan.

Die türkisch-jüdische Gemeinde Wiens geht auf das 18. Jahrhundert zurück und erfreute sich von Anfang an eines besonderen Status. Nach dem Ende der Türkenkriege ermöglichten Friedensverträge zwischen den Habsburgern und dem Osmanischen Reich in der ersten Hälfte des 18. Jahrhunderts eine dauerhafte Siedlung von sephardisch-türkischen Juden in Wien. Da sie offiziell Untertanen des Sultans waren, konnte die strenge Gesetzgebung des österreichischen Staats auf die Sepharden nicht angewandt werden. Gegenüber den Hofjuden und den sogenannten tolerierten Juden späterer Zeit besaßen sie eine durchaus privilegierte Stellung: Sie genossen das Recht auf Freizügigkeit, konnten öffentlich Gottesdienste abhalten und hatten bereits 1778 ein eigenes Bethaus, dessen Standort nicht mehr bekannt ist.

Als aschkenasische Juden werden jene Menschen mosaischen Glaubens bezeichnet, die im Mittelalter aus Deutschland vertrieben worden waren und sich vor allem im Osten Europas ansiedelten. Ihre Sprache ist das Jiddische, eine Mischung aus Mittelhochdeutsch, Hebräisch sowie slawischen und baltischen Sprachen. Es wird wie Ladino oder Spaniolisch, die Sprache der spanischen Juden, mit hebräischen Buchstaben geschrieben.

Innenansicht der Synagoge in der Zirkusgasse nach einem Aquarell von Franz Reinhold (1816–1893), um 1890.

Türkischer Tempel

II., Zirkusgasse 22

Heute befindet sich an der Stelle des türkischen Tempels ein Wohnhaus, an dem nur mehr eine bescheidene Tafel an die Existenz der einstmals prächtigen Synagoge der sephardischen Gemeinde Wiens erinnert.

1885 wurde der Architekt Hugo von Wiedenfeld (1852–1925) von der sephardischen Gemeinde mit dem Bau einer Synagoge beauftragt, die 1887 eingeweiht werden konnte. In Erinnerung an die spanische Herkunft der türkischen Juden wählte Wiedenfeld einen orientalischen Baustil und gestaltete das Gebäude nach Motiven der Alhambra. Der Tempel war zwischen Nachbarhäusern eingebaut und zeigte gassenwärts eine vergoldete

Fassade mit reichem Schmuck. Er bot ungefähr 300 Menschen Platz und war bis zu seiner Zerstörung während der Novemberpogrome 1938 Mittelpunkt der Wiener sephardischen Gemeinde. Das jetzige Zentrum befindet sich seit 1992 in der Tempelgasse 7.

Leopoldstädter Tempel

II., Tempelgasse 5

Die Gründung der Israelitischen Kultusgemeinde in Wien und die schrittweise bürgerliche Gleichstellung der Juden in der Habsburgermonarchie bewirkten ab der Mitte des 19. Jahrhunderts einen starken Anstieg der jüdischen Bevölkerung in der Stadt. Als Folge dessen wurde der Bau einer zweiten Synagoge unumgänglich. 1854 erteilte Kaiser Franz Joseph I. selbst die Genehmigung, in der Leopoldstadt einen Tempel zu errichten. Das von dem renommierten Wiener Architekten Ludwig von Förster errichtete Gotteshaus wurde am 18. Mai 1858 eingeweiht. Anders als der Stadttempel, der hinter einer Mietshausfassade versteckt werden musste, stand die Leopoldstädter Synagoge als freies Gebäude im Stadtbild und war damit ein Symbol der sich verändernden gesellschaftlichen Verhältnisse und des zunehmenden Selbstbewusstseins der Wiener Juden.

Nach einem Brand im Jahr 1917 wurde der Tempel langwierig restauriert und konnte erst 1921 wieder eingeweiht werden. Während der Novemberpogrome 1938 fiel das Gotteshaus dem NS-Terror zum Opfer. Von Wiens einstmals größter Synagoge – sie umfasste über 2000 Sitzplätze – ist nur der Nordflügel erhalten. Die vier Säulen des Wiener Architekten Martin Kohlbauer erinnern an die Zerstörung des Tempels und zeigen gleichzeitig in eindrücklicher Weise dessen ursprüngliche Größe.

An der Stelle der Leopoldstädter Synagoge steht heute ein Gebäude aus den 1990er-Jahren, in dem ESRA, das Psychosoziale Zentrum der Kultusgemeinde, untergebracht ist.

In der Tempelgasse 3 findet in der Talmud-Thora-Schule der Agudas Israel weiterführender Religionsunterricht für Kinder orthodoxer Eltern statt.

Der Leopoldstädter Tempel, das ehemals größte jüdische Gotteshaus Wiens, auf einer Ansichtskarte um 1900.

Im Wiener Prater

II., Venediger Au, Gabor-Steiner-Weg

Das Wiener Riesenrad ist neben dem Stephansdom als zweites Wahrzeichen der Stadt weltweit bekannt und die berühmteste Attraktion des Volkspraters. Errichtet wurde es im Jahr 1897 auf Betreiben von Gabor Steiner (1858–1944). Riesenräder gab es im ausgehenden 19. Jahrhundert bereits in Paris und London, wo Steiner Bekanntschaft mit dieser Neuheit gemacht hatte. Fasziniert kam er nach Wien zurück und beschloss, auch im Prater ein Riesenrad zu errichten.

Nach der Öffnung des ehemaligen kaiserlichen Jagdreviers durch Kaiser Joseph II. im Jahr 1776 entwickelte sich der Prater zu einem Ort der Erholung, wo auch große festliche und sportliche Veranstaltungen stattfanden. Parallel dazu entstand im sogenannten Wurstelprater ein Zentrum von Vergnügungen und allerlei Sensationen. Zahlreiche Attraktionen des Praters bestanden darin, vor den Augen der Besucher ferne Länder entstehen zu

Gabor Steiners Visionen: Das Wiener Riesenrad im Jahr 1897.

lassen, fantastische Reisen zu ermöglichen, die etwa zum Nordpol, nach Afrika und sogar ins Weltall führen konnten.

In dieser Tradition ließ Steiner 1895 im ehemaligen Kaisergarten im Prater die Vergnügungsschau *Venedig in Wien* errichten. Auf dem großen Gelände von über 50 000 Quadratmetern entstanden nach Plänen des Wiener Architekten Oskar Marmorek begehbare Nachbildungen venezianischer Bauten in Originalgröße, die dank eines eigens dafür angelegten Kanalsystems zu Wasser besichtigt werden konnten. Glaubt man dem damaligen Ausstellungsführer, so waren dafür 25 in der Lagunenstadt gebaute Gondeln und 40 venezianische Gondolieri im Einsatz. 1901 wurde *Venedig in Wien* in die »Internationale Stadt im Prater« umgebaut; einzig die Venediger Au erinnert heute noch an die vergänglichen Bauten des Oskar Marmorek.

Gabor Steiner musste als Jude Wien 1938 verlassen, emigrierte in die USA und starb 1944 in Beverly Hills. Sein Riesenrad wurde »arisiert«, während des Kriegs teilweise zerstört und in den 1950er-Jahren wieder in Betrieb genommen. An ihn erinnert nur mehr die Gabor-Steiner-Gasse, die vom Praterstern in den Wurstelprater führt.

Die ab 1895 gezeigte *Schau Venedig* in Wien lockte auch mit echten Gondolieri aus Venedig.

S. C. Hakoah

II., Simon-Wiesenthal-Gasse 3

Nach 1945 verfügte der Sport Club Hakoah Wien über keine eigene Sportstätte mehr, auch war die Rückkehr zum ehemaligen Platz in der Krieau keine Option, da die Anlage im Krieg zerstört worden war. Es dauerte mehr als ein halbes Jahrhundert, bis der Verein wieder einen eigenen Sportplatz bekommen sollte. Erst 2001 erklärte sich die Gemeinde Wien im Zuge des Washingtoner Abkommens dazu bereit, der Hakoah ein Grundstück als Ersatz für das 1938 geraubte Areal zur Verfügung zu stellen.

2006 erfolgte der Spatenstich für ein neues Sport- und Freizeitzentrum, den Neubau der Zwi-Perez-Chajes-Schule sowie des Altenwohnheims Maimonides in unmittelbarer Umgebung.

Die Pläne stammen von den Architektenteams rund um Thomas Feiger und BEHF. Zwei Jahre später eröffnete das Karl-Haber-Sportzentrum auf einem Drittel des einstigen Vereinsareals. Benannt ist das Sportzentrum nach Karl Haber (1919–1998), ehemaliger Spitzensportler und Funktionär der Hakoah. Er hatte sich beharrlich für die Restitution des Sportplatzes eingesetzt, sein Sohn Paul ist seit 1987 Vereinspräsident.

Auf dem Gelände befinden sich neben den genannten Einrichtungen das nach Leopold Böhm (1922–2007) benannte Museum der Hakoah sowie eine moderne Synagoge.

Brigittenauer Tempel

XX., Kluckygasse 11–13

Neben dem 2. Bezirk war Ende des 19. Jahrhunderts der 20. Bezirk der Ort, an dem sich die meisten jüdischen Zuwanderer niederließen, sodass zur Jahrhundertwende der Bau einer neuen Synagoge nötig wurde. Als Architekt war Jakob Gartner (1861–1921) verantwortlich, der zuvor schon die Humboldt-Synagoge und die Simmeringer Synagoge errichtet hatte. Sein Stil orientierte sich an der Romanik, zeichnete sich jedoch durch ungleiche Türme und Türmchen aus, die den Synagogen und dem Stadtbild eine besondere Nuance verliehen.

Die Synagoge wurde während der Novemberpogrome 1938 zerstört. Heute erinnert nur mehr eine 1988 enthüllte Gedenktafel an das Bethaus.

Der Brigittenauer Tempel um die Jahrhundertwende.

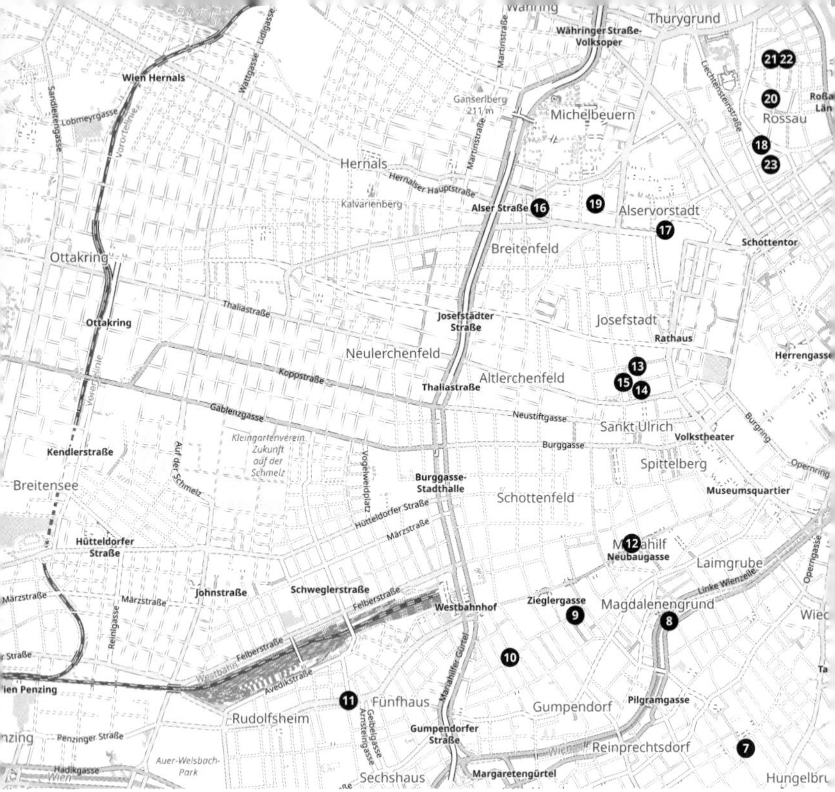

»Innerhalb der Linie«

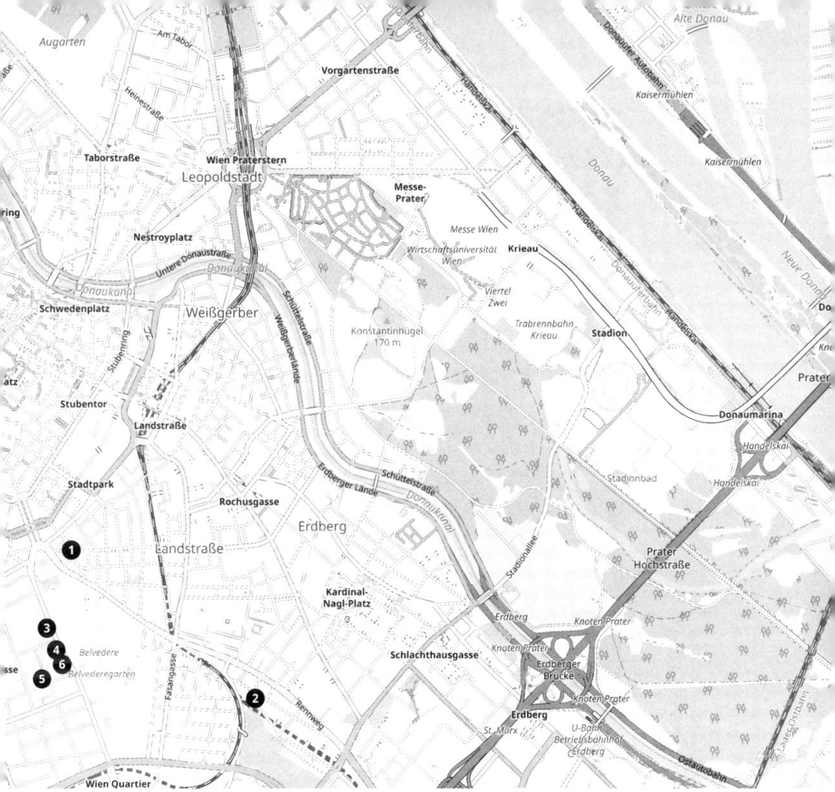
Augarten
Am Tabor
Vorgartenstraße
Alte Donau
Donauufer Autobahn
Kaisermühlen
Heinestraße
Handelskai
Taborstraße
Wien Praterstern
Leopoldstadt
Messe-Prater
Donau
Kaisermühlen
Messe Wien
Wirtschaftsuniversität Wien
Krieau
Nestroyplatz
Untere Donaustraße
Donaukanal
Viertel Zwei
Neue Donau
Schwedenplatz
Weißgerber
Schüttelstraße
Weißgerberlände
Konstantinhügel 170 m
Trabrennbahn Krieau
Stadion
Stubenring
Stubentor
Landstraße
Prater
Donaumarina
Handelskai
Stadtpark
Stadionbad
Rochusgasse
Erdberger Lände
Erdberg
Stadionallee
Landstraße
Prater Hochstraße
Kardinal-Nagl-Platz
Knoten Prater
Belvedere
Belvederegarten
Schlachthausgasse
Erdberger Brücke
Fasangasse
Rennweg
St. Marx
U-Bahn-Betriebsbahnhof Erdberg
Ostautobahn
Wien Quartier
1
2
3
4
5
6

Gertrud (1898–1967) und Arnold Schönberg in Berlin, um 1927.

Arnold-Schönberg-Center

III., Schwarzenbergplatz 6, Eingang Zaunergasse 1–3

Im Palais des Industriellen David Fanto (1852–1920), das 1917/18 von den Architekten Ernst von Gotthilf-Miskolczy (1865–1950) und Alexander Neumann (1861–1947) errichtet wurde, befindet sich seit 1998 das Arnold-Schönberg-Center. Ein gewonnener Rechtsstreit ermöglichte es der Familie Schönberg, den Nachlass des Komponisten nach Wien zu transferieren. Die Gemeinde nützte mit viel Engagement die Gelegenheit, dem Komponisten ein bleibendes Andenken zu verschaffen.

Die Aufgaben der Privatstiftung, deren Gremien u. a. auch Mitglieder der Familie Schönberg angehören, sind äußerst vielfältig. Sie umfassen die Pflege des Werks von Arnold Schönberg, die wissenschaftliche Zugänglichkeit seines Nachlasses sowie die Veranstaltung von Konzerten, Workshops und Seminaren. Der Nachlass Schönbergs enthält Autografen, Skizzen und Abschriften aus der Hand des Komponisten zu praktisch jedem seiner Werke sowie Schriften, Briefe, eine umfangreiche Handbibliothek mit Noten und Büchern, historischen Fotografien und Autografen von Zeitgenossen wie Gustav Mahler, Wassily Kandinsky, Albert Einstein (1879–1955), Man Ray (eigentlich Emmanuel Rudnitzky, 1890–1976), George Gershwin (1898–1937), Thomas Mann (1875–1955), Bertolt Brecht (1898–1956) und vielen anderen. Das Archiv verfügt aber auch über eine gut bestückte Bibliothek sowie über eine Video- und Audiothek. Eine Dauerausstellung zeigt bedeutende Manuskripte, Schriften und Bilder aus allen Schaffensperioden sowie eine Rekonstruktion der Arbeitszimmer Schönbergs mit Originaleinrichtungsgegenständen aus Mödling, Berlin und Kalifornien.

Mahnmal Aspangbahnhof

III., Leon-Zelman-Park, Aspangstraße

Das Mahnmal auf dem ehemaligen Gelände des Aspangbahnhofs wurde im September 2017 enthüllt und erinnert an die mehr als

47 000 Juden, die zwischen 1939 und 1942 von hier aus deportiert wurden. Zuvor waren sie aus Sammellagern im Bezirk Leopoldstadt (Kleine Sperlgasse 2a, Castellezgasse 35 sowie Malzgasse 7 und 16) – wie Vieh zusammengepfercht und auf offenen Lastwägen – in aller Öffentlichkeit zum Bahnhof gebracht worden.

Die ersten Transporte erfolgten im Oktober 1939, bei denen über 1500 Personen nach Nisko in Polen, in das gescheiterte Experiment eines »Judenreservats«, verschleppt wurden. Die großen Deportationen begannen sodann im Februar 1941. In 45 Transporten wurden mehr als 45 000 Juden aus Österreich in nationalsozialistische Ghettos, Vernichtungslager und Mordstätten deportiert.

2016 richtete die Institution Kunst im öffentlichen Raum (KÖR) einen Wettbewerb für die Realisierung eines Mahnmals auf dem Areal des ehemaligen Aspangbahnhofs aus, den das Künstlerduo PRINZpod (Brigitte Prinzgau, Wolfgang Podgorschek) für sich entscheiden konnte. Das Mahnmal stellt Bahnschienen aus Beton dar, welche in ein dunkles Loch führen. Es symbolisiert den Weg in den Tod und das Vergessen, dem auf diese Weise entgegengewirkt werden soll.

Palais Rothschild

IV., Prinz-Eugen-Straße 20–22

Wo heute das Gebäude der Arbeiterkammer steht, befand sich einst das Palais Rothschild, an das heute nur mehr eine Gedenktafel in der Eingangshalle erinnert.

Albert Salomon Anselm von Rothschild (1844–1911) beauftragte für den Bau seines Stadtpalais in der Prinz-Eugen-Straße 1879 den französischen Architekten Gabriel-Hippolyte Destailleur (1822–1893), der auf ausdrücklichen Wunsch Rothschilds den für Wien ungewöhnlichen Stil eines Pariser Renaissance-Palais wählte.

Dabei war der Hauptteil des Gebäudes deutlich hinter die Straßenflucht zurückversetzt, was dem Sicherheitsbedürfnis Rothschilds sehr entgegenkam, der nicht vergessen konnte, dass

Das zerstörte Palais Rothschild. Heute befindet sich dort die Arbeiterkammer Wien.

er als kleines Kind mitansehen musste, wie der Pöbel 1848 das Haus seines Großvaters Salomon Meyer belagerte. Daher schloss ein massiver hoher Gitterzaun das Grundstück von der Straßenseite her ab. Die englischen Rothschilds konnten dem Palais nicht viel abgewinnen und nannten es spöttisch »Albert-Denkmal«.

In dem Gebäude richtete im August 1938 Adolf Eichmann seine berüchtigte »Zentralstelle für jüdische Auswanderung« ein. Die zur Emigration entschlossenen Juden erhielten hier Unmengen von Formularen und hatten dann einen Spießrutenlauf durch die Administrationen der Kultusgemeinde, der Wirtschafts- und Finanzbehörden sowie der Gestapo zu absolvieren, um endlich einen befristeten Reisepass zu erhalten, für den sie einen Großteil ihres Eigentums aufzuwenden hatten. Die Ausstellung dieses Dokuments war jedoch keine Garantie für eine erfolgreiche Emigration: Die Zentralstelle besorgte und verschaffte keine Einreisegenehmigungen in andere Länder, sondern war de facto bloß ein Passamt, das sich durch Abgaben der Juden selbst finanzierte.

Nach der Ingangsetzung der »Endlösung« erübrigte sich die Existenz der Zentralstelle; das Palais Rothschild wurde Sitz eines

Post- und Fernmeldevereins. Im Herbst 1944 wurde das Gebäude durch einen Bombentreffer stark beschädigt. Als Louis Nathaniel von Rothschild (1882–1955) im Jahr 1947 nach seiner Rückkehr nur mehr die Trümmer seines ehemaligen Wohnhauses vorfand, beschloss er, das Wiener Bankhaus nicht mehr weiterzuführen. Zermürbt von den langwierigen Rückstellungsverfahren, bei denen er nur Teile seines ehemaligen Eigentums zurückerhielt, übergab Rothschild seine gesamten Vermögenswerte der österreichischen Regierung. Daran knüpfte er die Bedingung, damit einen staatlichen Pensionsfonds zu gründen, um allen ehemaligen Beschäftigten der Rothschilds gleich hohe Pensionen zu sichern, wie sie österreichischen Staatsbeamten zustanden.

Palais Rothschild

IV., Prinz-Eugen-Straße 26

1894 ließ sich Albert Rothschild ein weiteres nobles Palais errichten. Für Planung und Ausführung waren die Wiener Architekten Hermann Helmer (1849–1919) und Ferdinand Fellner (der Jüngere, 1847–1916) verantwortlich. Das Duo war führend beim Bau von Theatern, die sie in der gesamten Monarchie errichteten – in Wien waren sie etwa für das Ronacher, das Theater an der Wien und das Volkstheater verantwortlich; Wohnbauten entwarfen die beiden aber nur selten.

1938 wurde das Palais, wie auch der übrige Besitz der Familie Rothschild, von den Nationalsozialisten beschlagnahmt und von der SS ausgiebig geplündert. Die bedeutendsten Kunstschätze des Hauses waren für Hitlers geplantes »Führermuseum« in Linz bestimmt.

Palais Rothschild

IV., Theresianumgasse 16–18

Nathaniel Meyer Rothschild (1836–1905), der zugunsten seines Bruders Albert auf die Führung des Bankhauses Rothschild verzichtet hatte, ließ sich in den Jahren 1871 bis 1878 ein Palais in der Theresianumgasse errichten. Mit dem Bau war der Pariser Architekt Jean Girette (1845–1930) beauftragt, der das Gebäude nach dem Geschmack Nathaniels im Neobarock entwarf.

Das Haus vermittelte dem Besucher einen Eindruck vom überwältigenden Reichtum der Familie. Anlässlich der Eröffnungsfeier richtete Rothschild ein großartiges Fest aus, bei dem ein eigens für diesen Anlass gegründetes Orchester auf wertvollen alten Instrumenten spielte, die Rothschild in ganz Europa gekauft hatte.

Wie alle anderen Besitzungen der Rothschilds wurde auch dieses Palais 1938 von den Nationalsozialisten beschlagnahmt. Hohe Gestapo-Beamte richteten hier eine Verhörstelle ein.

Zsolnay-Verlag

IV., Prinz-Eugen-Straße 30

Ein bescheidenes Schild verweist auf den bedeutendsten österreichischen belletristischen Verlag der Zwischenkriegszeit, der 1923 von Paul Zsolnay (1895–1961) gegründet wurde. Zsolnay entstammte einer begüterten Gärtnerfamilie aus Bratislava und machte den Betrieb zur größten Blumenzüchterei der Tschechoslowakei.

Im Hause seiner Mutter verkehrten zahlreiche Schriftsteller, etwa Franz Werfel, Alma Mahler, Arthur Schnitzler und Felix Salten, von denen die Idee ausging, einen Verlag zu gründen.

Zsolnay, der sich dank seines Reichtums keine allzu großen Sorgen um die Rentabilität des Verlags machen musste, gewährte seinen Autoren großzügige Honorare und gab Unsummen für Werbung aus. Auf Grund der engen Zusammenarbeit mit Felix Salten erschienen zahlreiche Werke als Vorabdruck in der *Neuen Freien Presse*.

Zsolnay schuf durch die einheitliche Gestaltung seiner Bücher etwas, das wir heute als Corporate Identity bezeichnen würden. Zu den Autoren des Verlags zählten hauptsächlich österreichische und deutsche, aber auch russische, französische, italienische, amerikanische und englische Literaten.

Nach der Machtergreifung Hitlers in Deutschland zeichneten sich erste große finanzielle Einbußen ab, da viele Autoren wie Franz Werfel, Heinrich Mann (1871–1950) oder Friedrich Torberg in NS-Deutschland nicht mehr verkauft werden durften. Unmittelbar nach dem »Anschluss« wurde ein kommissarischer Leiter für den Verlag eingesetzt. Zsolnay selbst konnte zwar weiterarbeiten, beschloss aber noch 1938, von einer Geschäftsreise nicht zurückzukehren.

In England betreute er ausländische Autoren und nahm nach wie vor großen Einfluss auf den Wiener Verlag, der 1939 jedoch einen neuen Verwalter bekam und 1941 verkauft wurde. Zsolnay zählte zu den wenigen Emigranten, die unmittelbar nach Kriegsende nach Wien zurückkehrten.

Nach langwierigen Verhandlungen übernahm er 1957 wieder die Leitung des Verlags. Ab Mitte der 1980er-Jahre kam es mehrmals zu Besitzerwechseln, seit 1996 gehört Zsolnay zu dem großen deutschen Verlagshaus Hanser.

Jubiläumstempel

V., Siebenbrunnengasse 1 a

Jakob Gartner errichtete diese Synagoge im Jahr 1908. Sie wurde zu Ehren des 60. Thronjubiläums von Kaiser Franz Joseph I. eingeweiht. Die Synagoge war nicht frei stehend, stach jedoch durch zwei Türme aus der Häuserfront heraus. Wie bei seinen anderen Synagogenbauten auch, lehnte sich Gartner hier an den Stil der Romanik an. Die Türme verliehen der Synagoge einen besonderen Charakter. Neben dem Betraum befand sich hier auch eine Talmud-Thora-Schule.

1938 wurde die Synagoge während der Novemberpogrome von den Nationalsozialisten zerstört. Heute befindet sich an dieser Stelle ein jüngeres Wohnhaus, eine Gedenktafel für den ehemaligen Tempel befindet sich an der Fassade des Nachbarhauses.

Rüdigerhof

V., Hamburger Straße 20

Architekt Oskar Marmorek.

Das Gebäude an der Wien ist eines der bedeutendsten Werke von Oskar Marmorek. 1863 in der Nähe von Krakau geboren, studierte Marmorek in Wien Architektur. Er gestaltete zahlreiche große Ausstellungen im Prater, etwa die berühmte Schau *Venedig in Wien*, an die heute noch die Venediger Au erinnert.

In seiner Rolle als Architekt zeichnete Marmorek für einige Mietshäuser in Wien und Budapest verantwortlich. Sie sind herausragende Beispiele für die Wohnbauarchitektur um die Jahrhundertwende – etwa der Nestroyhof in der Praterstraße oder die Häuser Windmühlgasse 30 und 32.

Oskar Marmorek gehörte neben Theodor Herzl zu den überzeugtesten Vertretern des Zionismus in Österreich und war gemeinsam mit Herzl und Max Nordau an der Organisation des ersten Zionistenkongresses 1897 in Basel beteiligt.

1909 erschoss sich Marmorek in einem Anfall von geistiger Umnachtung am Grab seines Vaters auf dem Wiener Zentralfriedhof.

Schmalzhoftempel

VI., Schmalzhofgasse 3

Hier, wo heute nur mehr eine kleine Gedenktafel die Erinnerung wach hält, stand einst die größte Synagoge des 6. Wiener Gemeindebezirks. Sie wurde 1883/84 nach Plänen von Max Fleischer (1841–1905) errichtet. Fleischer setzte mit diesem Gebäude die Programmatik eines modernen, reformierten Judentums architektonisch um. Der Tempel war als dreischiffige Basilika angelegt, deren neogotische Anmutung bewusst in Anlehnung an den vorherrschenden Kirchenbaustil ihrer Zeit gewählt war und somit ganz den Sakralbauten von Fleischers Lehrer Friedrich von Schmidt (1825–1891) entsprach. Die Fassade wurde ohne Verwendung von Schmuck als Ziegelrohbau gestaltet. Während der Novemberpogrome von 1938 wurde die Synagoge verwüstet und zerstört.

Minna-Lachs-Park

VI., Mittelgasse, Ecke Millergasse

Minna Lachs (1907–1993), geborene Schiffmann, kam in einer bürgerlich-säkularen jüdischen Familie in Terebowlja, im östlichen Teil Galiziens, auf die Welt. Nach Ausbruch des Ersten Weltkriegs floh sie mit ihrer Familie nach Wien. Dort trat sie der sozialistisch-zionistischen Jugendorganisation Haschomer Hazair bei, später einer sozialistischen Studentengruppe, wo sie ihrem späteren Ehemann, dem Juristen Ernst Lachs (1904–1980), begegnete.

An der Universität Wien studierte Minna Lachs Germanistik, Romanistik, Psychologie und Pädagogik. Antisemitische Ressentimens gehörten zu ihrem studentischen Alltag. 1933 legte sie die Lehramtsprüfung für Deutsch und Französisch ab, doch aufgrund des sogenannten Doppelverdienergesetzes, das unter Engelbert Dollfuß (1892–1934) erlassen worden war, durfte Lachs als verheiratete Frau ihren Lehrberuf nicht ausüben.

1938 flüchtete die Familie in die Schweiz, wo sie sich längere Zeit in Zürich aufhielt, 1942 reiste sie von Lissabon nach New York aus. 1947 kehrte Minna Lachs »aus dem Glauben an das andere Österreich« nach Wien zurück.

Sie unterrichtete daraufhin am Gymnasium und verfasste Lehrbücher für den Unterricht. Lachs war es ein großes Anliegen, das aus der nationalsozialistischen Zeit stammende Lehrmaterial zu verdrängen. Zwischen 1954 und 1972 war sie Direktorin am

Mädchengymnasiumin in der Haizingergasse im Bezirk Währing; in dieser Zeit machte sie sich für eine Modernisierung des Schulwesens und für Schülermitbestimmung stark. Als Vizepräsidentin der österreichischen UNESCO-Kommission förderte Lachs den internationalen Jugendaustausch, mit dem Bestreben, Vorurteile, Hass und Rassismus früh abzubauen.

Bei der Kontextualisierung des umstrittenen sogenannten Siegfriedskopfs im Arkadenhof der Universität Wien wurden Ausschnitte aus ihren publizierten Erinnerungen an antisemitische Übergriffe im Wien der 1930er-Jahre zum Bestandteil der kritischen Auseinandersetzung. Der Text ist dabei am Glas angebracht, welches das Denkmal seit 2006 umgibt.

Siegfried-Marcus-Teststrecke

VI., Mariahilfer Straße

Um 1870 konstruierte und baute Siegfried Marcus den ersten mobilen Explosionsmotor der Welt.

Auf der Mariahilfer Straße und im Bereich der Schmelz unternahm Siegfried Marcus (1831–1898) im Jahr 1864 die Probefahrten mit seinem ersten benzinmotorbetriebenen Automobil. Die nächtlichen Ausflüge waren so laut, dass sie sogar behördlich verboten werden mussten.

Marcus stammte aus einer wohlhabenden jüdischen Familie aus Mecklenburg. Nach einer kurzen Anstellung bei Siemens & Halske in Berlin ließ er sich 1852 in Wien nieder, wo er eine Mechanikerwerkstätte gründete. Er machte zahlreiche Erfindungen und war auf unterschiedlichen Gebieten tätig, sein größtes Werk war jedoch ein Automobil mit Benzinmotor. Dieses Gefährt, das er 1864 erstmals vorführte und vermutlich 1875 fertigstellte, gilt als das erste benzinbetriebene Fahrzeug. Obwohl er ein Patent darauf anmeldete, gelang es ihm nicht, seine Erfindung zu verwerten und produzieren zu lassen.

Der Marcuswagen 2, gebaut im Jahr 1888.

Siegfried Marcus zu Ehren wurde 1932 vor der Technischen Universität auf dem Karlsplatz ein Denkmal errichtet, welches die Nationalsozialisten jedoch entfernen ließen. Anlässlich des 50. Todestages des Erfinders im Jahr 1948 wurde das Denkmal wieder errichtet, zugleich erhielt Marcus ein Ehrengrab auf dem Wiener Zentralfriedhof.

Warenhaus Gerngroß

VII., Mariahilfer Straße 38–48

Der aus Fürth in Bayern stammende Alfred (eigentlich Abraham) Gerngroß (1844–1908) kam 1881 nach Wien und gründete gemeinsam mit seinem Bruder Hugo (1837–1929) ein kleines Tuchgeschäft in der Mariahilfer Straße.

Dank ihres Geschäftssinns und der Entwicklung der Mariahilfer Straße zu einer der ersten Einkaufsadressen Wiens gelang es den beiden innerhalb kurzer Zeit, ein großes Warenhaus zu etablieren. 1905 eröffneten die Brüder ein von den Wiener Theaterarchitekten Hermann Helmer und Ferdinand Fellner entworfenes prunkvolles Geschäftsgebäude, dessen Fassadengestaltung sich an den westeuropäischen Jugendstil anlehnte.

Im Inneren erlebten die Kunden alle Annehmlichkeiten moderner Einkaufsfreuden. Es standen etwa ein Wintergarten, eine Konditorei sowie ein Lese- und Schreibzimmer zur Verfügung. Die einzelnen Stockwerke konnten über eine Haupttreppe, fünf Aufzüge und eine Rolltreppe erreicht werden.

Nach dem Tod von Alfred Gerngroß im Jahr 1908 wurde die Firma in eine Aktiengesellschaft umgewandelt. Im Jahr 1932 verübten fanatische Nazis mit Tränengas und Stinkbomben einen Anschlag auf das Kaufhaus; sechs Jahre später, unmittelbar nach dem »Anschluss«, wurde der gesamte Besitz »arisiert«. Heute steht an der Stelle des im Jahr 1979 abgebrannten Hauses ein Neubau gleichen Namens, welcher 2010 einer Neugestaltung unterzogen wurde. Im Foyer ist heute eine steinerne Büste des Gründers zu sehen.

Ein weiteres großes, von einer jüdischen Familie gegründetes Kaufhaus in der Mariahilfer Straße war das als Textilgeschäft gegründete Herzmansky. Es wurde vom Kaufmann August Herzmansky (1834–1896) im Jahr 1863 gegründet. In der Stiftgasse 3 ist heute noch ein Teil des Originalgebäudes zu sehen, an dem in goldenen Lettern der Name des einstigen Besitzers zu lesen ist. Auch dieses Kaufhaus wurde 1938 »arisiert«, aber bis in die 1990er-Jahre unter seinem ursprünglichen Namen weitergeführt.

Billy-Wilder-Gedenktafel

VIII., Lange Gasse, Ecke Zeltgasse

Samuel »Billy« Wilder (1906–2002), geboren im heute polnischen Sucha, kam 1910 nach Wien, wo er als Journalist arbeitete. Wie viele seiner Zeitgenossen ging er 1926 nach Berlin, um dort Anschluss an das kulturelle Leben zu suchen. Er schrieb Drehbücher, u. a. für die Verfilmung von Erich Kästners (1899–1974) *Emil und die Detektive* sowie *Scampolo, ein Kind der Straße*. Nach der Machtergreifung Hitlers emigrierte Billy Wilder nach Frankreich und von dort weiter in die USA.

Billy Wilder, Österreichs erfolgreichster Hollywoodexport.

Wilder gilt bis heute als einer der bedeutendsten Hollywood-Regisseure und arbeitete mit den bekanntesten Stars der Filmmetropole wie Marilyn Monroe (eigentlich Norma Jeane Baker, 1926–1962), Audrey Hepburn (1929–1993), Shirley MacLaine, Walter Matthau (1920–2000) und Jack Lemmon (1925–2001) zusammen. Zu seinen größten Erfolgen zählen *Sunset Boulevard* (1950, dt. *Boulevard der Dämmerung*), *The Seven Year Itch* (1955, dt. *Das verflixte 7. Jahr*), *Some Like it Hot* (1959, dt. *Manche mögen's heiß*) und *Irma la Douce* (1963, dt. *Das Mädchen Irma la Douce*). 1961 drehte Wilder in Berlin die Groteske *One, Two, Three* (dt. *Eins, Zwei, Drei*) mit James Cagney (1899–1986) und Leon Askin (eigentlich Leo Aschkenasy, 1907–2005), einem weiteren Wiener Juden, der 1938 seine Heimat hatte verlassen müssen.

Im Jahr 2000 erhielt Billy Wilder die Ehrenbürgerschaft der Stadt Wien. Er starb am 27. März 2002 in Hollywood.

Redaktion »Er und Sie«

VIII., Lange Gasse 5–7

In diesem Gebäude produzierte Hugo Maximilian Bettauer (1872–1925) seine Zeitung *Er und Sie. Wochenschrift für Lebenskultur und Erotik*, die aber bereits nach fünf Nummern wieder eingestellt wurde.

Bettauer übersiedelte 1899 in die USA, wo er als Korrespondent und Redakteur für verschiedene Tageszeitungen tätig war. Er wurde amerikanischer Staatsbürger, kehrte jedoch 1910 nach Österreich zurück, wo er während des Ersten Weltkriegs Redakteur der *Neuen Freien Presse* war. Darüber hinaus schrieb Bettauer Romane, etwa *Die freudlose Gasse*, 1925 von Georg Wilhelm Pabst (1885–1967) mit Greta Garbo (1905–1990) in der Hauptrolle verfilmt.

Sein interessantestes Werk ist aber zweifellos der beinahe prophetisch zu nennende Roman *Stadt ohne Juden* (1922), in dem er beschreibt, wie ein populistischer Politiker als Lösung für die wirtschaftlichen Probleme vorschlägt, sämtliche Juden aus Wien zu vertreiben. Die Bevölkerung muss jedoch feststellen, dass sich die ökonomische Situation nach der Ausweisung der Juden dramatisch verschlechtert – der Roman endet mit der triumphalen Rückkehr der Vertriebenen. Hugo Maximilian Bettauer wurde 1925 von einem fanatischen Nazi erschossen, nachdem dieser sich Zugang zu seinem Büro verschafft hatte.

Synagoge Neudeggergasse

VIII., Neudeggergasse 12

An der Stelle der von Max Fleischer errichteten Synagoge befindet sich heute ein Wohnhaus. Der von Moritz von Königswarter in Auftrag gegebene Tempel war vom Architekten nach dem Vorbild der norddeutschen Gotik geplant worden. Dementsprechend wurde ein Ziegelrohbau mit Fassadentürmen errichtet, und es kamen keine Stein- und Bildhauerarbeiten zur Anwendung.

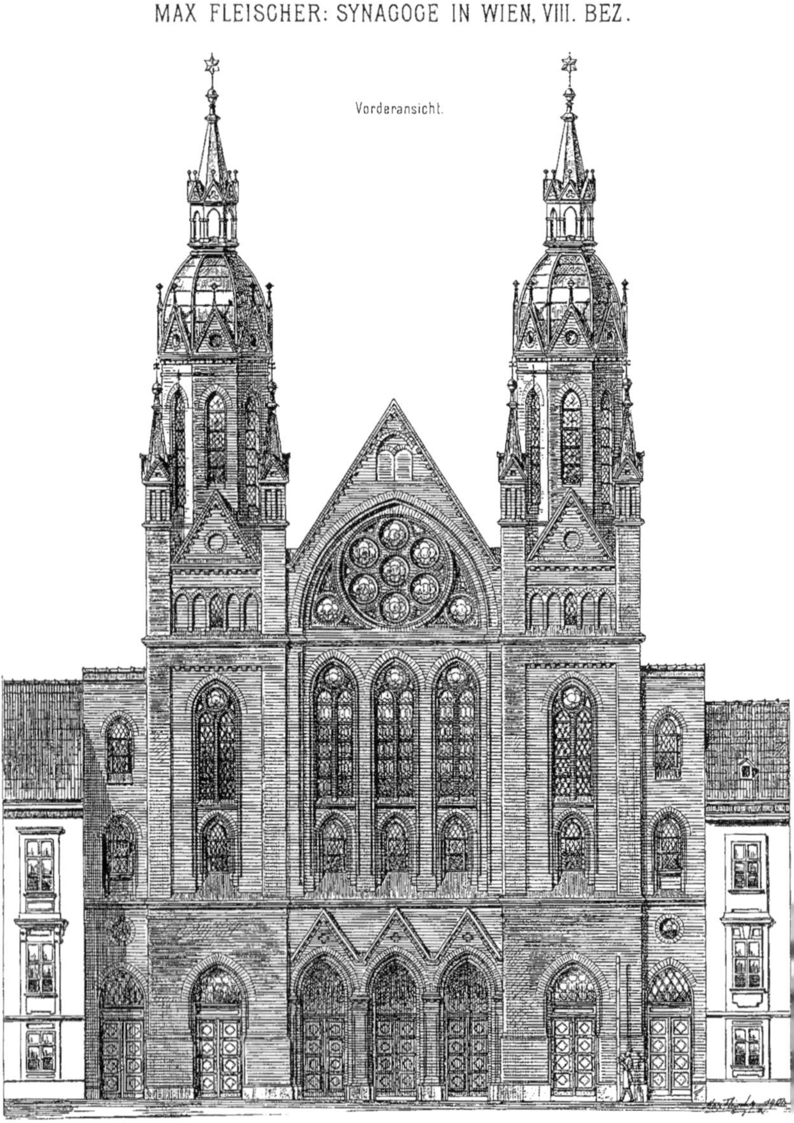

Vorderansicht der Synagoge Neudeggergasse, die 1903 erbaut und 35 Jahre später zerstört wurde. Zeichnung des Architekten Max Fleischer.

»Innerhalb der Linie«

Durch eine Vorhalle gelangte man in einen Betraum, welcher durch Säulenreihen in drei Schiffe abgeteilt war und Platz für 338 Männer bot. Der überaus wirkungsvolle Innenraum besaß Emporen über den Seitenschiffen und verfügte über eine ausgezeichnete Akustik. Neben dem Thoraschrein wurde 1904 eine weiße Marmortafel zum Gedenken an die ermordete Kaiserin Elisabeth angebracht. Während der Novemberpogrome im Jahr 1938 wurde die Synagoge zerstört.

Sankt-Anna-Kinderspital

IX., Kinderspitalgasse 6

Ludwig Mauthner von Mauthstein (1806–1858), der als 17-Jähriger zu Studienzwecken nach Wien kam, begann seine medizinische Laufbahn als Militärarzt. Angeregt durch die Dankbarkeit eines kleinen Mädchens, die Tochter eines mittellosen Soldaten, die er kostenlos behandelt hatte, gründete er 1837 ein Hospital für arme Kinder – das erste Kinderspital Wiens.

1842 nahm Kaiserin Maria Anna (1803–1884) das Kinderspital unter ihre Obhut und gründete einen Unterstützungsverein. Ursprünglich in einem bescheidenen Gebäude in der Nähe des Allgemeinen Krankenhauses untergebracht, konnte das Spital bald ein eigenes Gebäude beziehen, das nach der Patronin den Namen Annenspital erhielt. Zahlreiche wohltätige Bürger unterstützten das Kinderspital mit ihren Spenden.

Mauthner engagierte sich weiter in der Armenfürsorge und gründete einen Verein, der ein Spital zur kostenlosen Behandlung der Arbeiterklasse ermöglichen sollte; einige Jahre später rief er einen weiteren Verein ins Leben, der die trostlosen Verhältnisse in den Wiener Koststuben verbessern sollte. Als Kinderfacharzt war Mauthner zunächst Dozent, dann Professor an der medizinischen Fakultät. Für seine außerordentlichen Verdienste um die Kinderheilkunde wurde er 1849 in den Ritterstand erhoben.

Gedenkstätte für die in der Shoah ermordeten jüdischen Kinder, Frauen und Männer aus Österreich

IX., Ostarrichipark

Im Jahr 2000 startete der Holocaust-Überlebende Kurt Yakov Tutter, geboren 1930 in Wien, eine Initiative zur Errichtung einer Gedenkstätte für die österreichischen Opfer der Shoah. 2006 wurde zu diesem Zweck der Verein zur Errichtung einer Namensmauern-Gedenkstätte für die in der Shoah ermordeten jüdischen Kinder, Frauen und Männer aus Österreich gegründet.

Erst 2018, als »Gedenkjahr« ausgerufen, wurde die Realisierung schließlich von der Bundesregierung beschlossen. Das neue Denkmal besteht aus mehreren oval aufgestellten Steinmauern, in welche die Namen der etwa 65 000 im Nationalsozialismus ermordeten österreichischen Juden eingraviert werden. Die Eröffnung der neuen Gedenkstätte ist für 2021 angesetzt.

Friedrich-Torberg-Geburtshaus

IX., Porzellangasse 7 a

Hier wurde der Schriftsteller, Feuilletonist und Kritiker Friedrich Torberg (eigentlich Friedrich Ephraim Kantor-Berg) geboren. Vor 1938 arbeitete er als Journalist bei renommierten bürgerlich-liberalen Zeitungen in Prag und Wien. Ständig zwischen den beiden Städten pendelnd, lebte er in der Zwischenkriegszeit vornehmlich in Untermiete oder in Hotels. 1938 emigrierte Torberg in die USA, kehrte jedoch im Unterschied zu vielen anderen jüdischen Emigranten im Jahr 1951 nach Wien zurück und war danach Stammgast im Café Hawelka.

Einem breiten Publikum wurde Torberg durch den Roman *Der Schüler Gerber hat absolviert* (1930, später nur mehr *Der Schüler Gerber*) sowie durch die Erzählbände *Die Tante Jolesch oder der Untergang des Abendlandes in Anekdoten* (1975) und *Die Erben der Tante Jolesch* (1978) bekannt. In diesen Werken ließ er pointenreich und satirisch die versunkene Welt des jüdischen Bürgertums der Zwischenkriegszeit wieder auferstehen und setzte damit

Friedrich Torberg, »Vater« von Tante Jolesch und ihren Erben.

zahlreichen zum Teil längst in Vergessenheit geratenen Figuren ein literarisches Denkmal.

In die direkte Nachbarschaft, in das Haus Porzellangasse 3, kehrte Torberg als Autor des Cabaret ABC zurück, dessen Heimstätte sich davor in den Arkaden hinter der Universität befunden hatte.

Allgemeine Poliklinik

IX., Mariannengasse 10

An der Allgemeinen Poliklinik zeigt sich, dass die Spendenbereitschaft des jüdischen Großbürgertums weit über die Grenzen der eigenen Glaubensgemeinschaft hinausging. Das Krankenhaus wurde 1872 durch ein Komitee von zwölf Privatärzten gegründet. Ziel war es, eine Idee des Chirurgen Theodor Billroth (1829–1894) in die Tat umzusetzen, nämlich außerhalb der Universitätskliniken Arbeitsbereiche für Medizinstudenten zu schaffen, damit sich diese so umfassend wie möglich weiterbilden konnten. Damit war ein humanitärer Zweck verbunden, weil nur mittellose Patienten ambulant und unentgeltlich behandelt wurden.

Zunächst waren die Ambulatorien in Mietwohnungen untergebracht, dank einer großzügigen Spende der Gebrüder Gutmann in der Höhe von 300 000 Kronen konnte aber 1890 ein Neubau in der Mariannengasse 10 begonnen werden. Eine weitere Spende der Brüder in Höhe von 150 000 Gulden im Jahr 1893 erlaubte es, ein in der Nachbarschaft stehendes Palais anzukaufen und als Gutmann-Kinderspital in die Poliklinik einzugliedern.

1902 sicherte Nathaniel Meyer von Rothschild durch eine Spende von einer Million Kronen den weiteren Ausbau der Klinik. Nach dem »Anschluss« ging das Spital in städtisches Eigentum über und heißt seitdem Allgemeine Poliklinik der Stadt Wien.

Synagoge Müllnergasse

IX., Müllnergasse 21

An der Stelle der ehemaligen Synagoge für den Alsergrund erhebt sich heute ein Wohnhaus. Der Tempel wurde von dem renommierten Architekten Max Fleischer 1888/89 für den bereits im Jahr 1867 gegründeten Bethausverein Chewra Beth Hatfila errichtet. Weil sich die Ostwand mit dem Thoraschrein an der Straßenseite befand, musste der Eingang in die Grünentorgasse 13 verlegt werden. Von der Müllnergasse aus konnte man nur durch zwei kleine Seiteneingänge in die Synagoge gelangen.

Der Grundriss des Gotteshauses war, dem Zeitgeschmack entsprechend, eine dreischiffige Basilika. Das Besondere war die Lage der Frauenabteile, die sich nicht auf erhöhten Emporen, sondern in den um nur sechs Stufen erhöhten Seitenschiffen befanden. Durch zwei 35 Meter hohe Türme erinnerte die Synagoge von außen stark an eine Kirche.

Während der Novemberpogrome 1938 wurde die Synagoge von Einheiten der 89. SS-Standarte unter dem Beifall der Nachbarschaft zerstört. Der SS-Bericht vermerkte dazu: »Tempel, 9., Grüne-Tor-Gasse. Wurde vollkommen zerstört, war bereits, da es schon 6.45 war, von einer anderen Gruppe bearbeitet worden. Bei unserem Eintreffen war das Innere des Tempels mit Rauch erfüllt. Zu bemerken wäre, dass bei den von uns besuchten Tempeln die Diener Arier waren und dass die Bevölkerung über unser Vorgehen Befriedigung zeigte.«

In der Servitengasse, in unmittelbarer Nähe zur ehemaligen Synagoge in der Müllnergasse, wurde 2008 die permanente Installation *Schlüssel gegen das Vergessen* enthüllt. Der Entwurf stammt von Julia Schulz und besteht aus einer im Boden eingelassenen Glasvitrine, welche insgesamt 462 Schlüssel zeigt, die mit Namensschildern versehen sind. Sie stehen für die jüdische Nachbarschaft, welche aus der Gasse vertrieben und ermordet wurde und nun dem Vergessen entrissen werden soll. Der Verein Servitengasse 1938 widmet sich der Erforschung dieser jüdischen Lebensgeschichten.

Friedhof Seegasse

IX., Seegasse 9–11

Der Friedhof in der Seegasse ist die älteste noch existierende jüdische Grabstätte Wiens. Man betritt sie heute durch das Gebäude eines Altersheims.

Wann genau der Friedhof angelegt wurde, ist heute nicht mehr eruierbar. Der älteste erhaltene Grabstein stammt aus dem Jahr 1582, also aus einer Zeit, als Juden bis auf wenige Ausnahmen kein Aufenthaltsrecht in Wien besaßen und daher keine organisierte jüdische Gemeinde existierte.

Der Friedhof wurde als »Juden-Freithoff am oberen Werd« 1629 erstmals urkundlich erwähnt. Die Seegasse, die lange Zeit Judengasse hieß, wird in einem Plan von 1650 mit »Gassel, allwo der Juden Grabstätte«, beschrieben. Bei der Vertreibung der Wiener Juden im Jahr 1670 hinterlegten die Gebrüder Fränkel beim Magistrat 4000 Gulden, um den Weiterbestand des Friedhofs auf ewige Zeiten zu sichern.

Ab 1696 scheint Samuel Oppenheimer als Eigentümer des Friedhofs auf; sein Grab befindet sich heute noch dort. Er ließ den Friedhof wieder instand setzen und eine das Areal umschließende Mauer errichten; er war auch der Gründer des Siechenhauses, das sich bis 1934 hier befand.

Die älteste noch existierende jüdische Grabstätte Wiens in der Seegasse.

Das restaurierte Grab von Oppenheimers Nachfolger Samson Wertheimer ist ebenfalls hier zu finden. Andere wichtige Vertreter der Wiener Gemeinde, die hier ihre letzte Ruhe fanden, sind Rabbi Menachem Hendel (?–1611), Simeon Auerbach (?–1631), Aron Isaak Arnstein (1682–1744), Stammvater der 1795 in den österreichischen Adelsstand erhobenen berühmten Familie, und Sara Pereyra, die Mutter des von Legenden umrankten Diego d'Aguilar.

Wie zahlreiche andere Wiener Gebäude wurde auch das Schloss Schönbrunn unter bedeutendem Einsatz jüdischen Kapitals errichtet. Diego d'Aguilar lieh Kaiserin Maria Theresia (1717–1780) 300000 Gulden – das entspricht etwa 6,7 Millionen Euro – für den Umbau ihrer Sommerresidenz. D'Aguilar, mit jüdischem Namen Mosche Lopez Pereyra, stammte aus einer portugiesischen Marranenfamilie. Er wurde im Jahr 1725 von Kaiser Karl VI. (1685–1740) aus Amsterdam nach Wien berufen, um die Reorganisation des österreichischen Tabakgefälles zu übernehmen. Zum Lohn für die wirtschaftlichen Erfolge, die er für den Ärar erzielte, wurde er vom Kaiser, der damals noch den

Titel König von Spanien führte, mit einem spanischen Adelsprädikat ausgezeichnet.

D'Aguilar war der Begründer der türkisch-sephardischen Gemeinde in Wien, die bis 1938 eine Thorakrone und Rimonim mit der hebräischen Widmungsaufschrift »Mosche Lopez Pereyra. 5498« (nach christlicher Zählung das Jahr 1737) besaß. Bis zu ihrer Vernichtung durch die Nationalsozialisten im Jahr 1938 gedachte die Gemeinde ihres Gründers alljährlich an Jom Kippur mit einem Totengebet.

Die wirtschaftlichen Erfolge von Diego d'Aguilar sowie der Hoffaktoren Samuel Oppenheimer und Samson Wertheimer führten zu einer sozialen Aufwertung der in Wien lebenden Juden. Das erstarkte Selbstbewusstsein dieser Männer machte es auch möglich, dass sie sich immer heftiger gegen die stetig wachsenden fiskalischen Forderungen wehrten. Diego d'Aguilar etwa übersiedelte 1749 aus Protest gegen die hohen Toleranzsteuern nach London.

Im Jahr 1783 erließ der Reformkaiser Joseph II. ein Dekret, welches besagte, dass »innerhalb der Linien«, also innerhalb des heutigen Gürtels, keine Toten mehr beerdigt werden durften, wodurch auch der Friedhof in der Seegasse nicht mehr belegt werden konnte. Allerdings erwirkten die Juden ein Hofdekret, das ihnen die Erhaltung und den Schutz des Friedhofs versprach – ein Schutz, der bis 1941 zumindest de jure bestand.

Im Jänner 1941 beschloss die Gemeinde Wien die Auflösung der jüdischen Friedhöfe. Einigen wenigen noch in der Stadt verbliebenen Wiener Juden gelang es 1943 unter großen Gefahren, einen Teil der Grabsteine aus der Seegasse auf den Zentralfriedhof zu bringen und dort in einer buchstäblichen Nacht-und-Nebel-Aktion zu vergraben, andere vergrub man direkt am Friedhof in der Seegasse.

1984 wurden die dislozierten Grabsteine auf dem Zentralfriedhof wiederentdeckt und größtenteils an ihrem ursprünglichen Ort in der Seegasse aufgestellt, was dank eines von Bernhard Wachstein (1868–1935) erstellten und 1912 publizierten Friedhofplans problemlos möglich war.

Israelitisches Spital

IX., Seegasse 9

An dieser Stelle ließ Samuel Oppenheimer bereits 1698 ein Spital für jüdische Glaubensgenossen errichten. 1792 entstand ein neues Spital, das 100 Jahre später wieder durch einen Neubau ersetzt wurde. 1890 baute die Kultusgemeinde nach Plänen von Wilhelm Stiassny an der Stelle des alten Krankenhauses eine Versorgungsanstalt für ältere Menschen, die später um ein Siechenhaus erweitert wurde. Heute steht hier ein Altersheim der Stadt Wien.

Sigmund-Freud-Wohnhaus und -Museum

IX., Berggasse 19

Als geradezu legendär darf man die Wiener Adresse bezeichnen, an der Sigmund Freud ab 1891 lebte und arbeitete. Freuds Psychoanalyse stellt nicht nur die Grundlage zahlreicher Theorien und therapeutischer Praktiken dar, sondern revolutionierte auch viele Bereiche des Kulturlebens – vom Film über die Literatur bis zur Malerei, aber auch Theologie, Ethnologie und Ästhetik.

Freud definierte sich selbst zwar als Atheist, blieb gleichzeitig aber seinem Judentum treu. Seine wissenschaftlichen Erkenntnisse, die auch die Verlogenheit und Heuchelei der Gesellschaft ans Tageslicht brachten, lösten des Öfteren antisemitische Anfeindungen aus, unter denen er zeit seines Lebens litt: »Meine Sprache ist Deutsch, meine Kultur, meine Erziehung sind deutsch. Ich hielt mich geistig für einen Deutschen, bis ich das Anwachsen des Antisemitismus in Deutschland und Deutsch-Österreich bemerkte. Seitdem ziehe ich es vor, mich einen Juden zu nennen.«

Auch nach dem »Anschluss« im März 1938 zögerte Freud, Österreich zu verlassen. Erst als seine Tochter Anna (1895–1982) von der Gestapo kurzfristig verhaftet wurde, konnte sich der 82-Jährige, der bereits stark vom Krebs gezeichnet war, zur Emigration entschließen. Im Juni 1938 wanderte er nach Zahlung der Reichsfluchtsteuer und der Judenvermögensabgabe nach London aus. Zwei Tage nach seiner Flucht verlieh Freud seiner Sehnsucht nach Wien Ausdruck: »Das Triumphgefühl der Befreiung vermengt sich zu stark mit der Trauer, denn man hat das Gefängnis, aus dem man entlassen wurde, immer noch sehr geliebt.« Sigmund Freud starb 1939 in London.

Sigmund und Anna Freud in Italien, 1913.

Sein enger Freund August Aichhorn (1878–1949) engagierte im Mai 1938, als Freud seine Ausreisegenehmigung endlich in der Tasche hatte, einen Fotografen, Edmund Engelmann (1907–2000), der zwei Tage lang die Wohnung und Ordination in der Berggasse fotografierte. Aichhorns Ziel war es, den Schaffensplatz vor dem Umzug möglichst genau zu dokumentieren, damit »ein Museum geschaffen werden kann, wenn der Sturm der Jahre vorüber ist« – ein Vorhaben, das man angesichts der damaligen Verhältnisse als visionär bezeichnen kann, auch wenn Aichhorn die politischen Veränderungen der folgenden Jahre völlig falsch einschätzte.

Heute befinden sich im Haus Berggasse 19 das Sigmund-Freud-Museum, der Sitz der gleichnamigen Gesellschaft, eine Bibliothek samt Archiv sowie die Anna-Freud-Gedenkräume.

Anna Freud veröffentlichte ab 1921 erste Arbeiten und eröffnete 1923 ihre eigene Praxis neben der von Sigmund Freud. 1927 erschien ihr wichtigstes Buch *Einführung in die Technik der Kinderanalyse*. 1938 flüchtete sie nach London, wo sie gemeinsam mit ihrem Lebensmenschen Dorothy Burlingham-Tiffany (1891–1979) die Hampstead Nurseries gründete, eine Institution für Kriegskinder und -waisen. Nach dem Krieg entstand daraus die bedeutende Hampstead-Klinik für Kinder. Als Sigmund Freud 1939 in London starb, wurde Anna zur Doyenne der Psychoanalyse und blieb – bis zu ihrem Tod 1982 – deren strenge Bewahrerin.

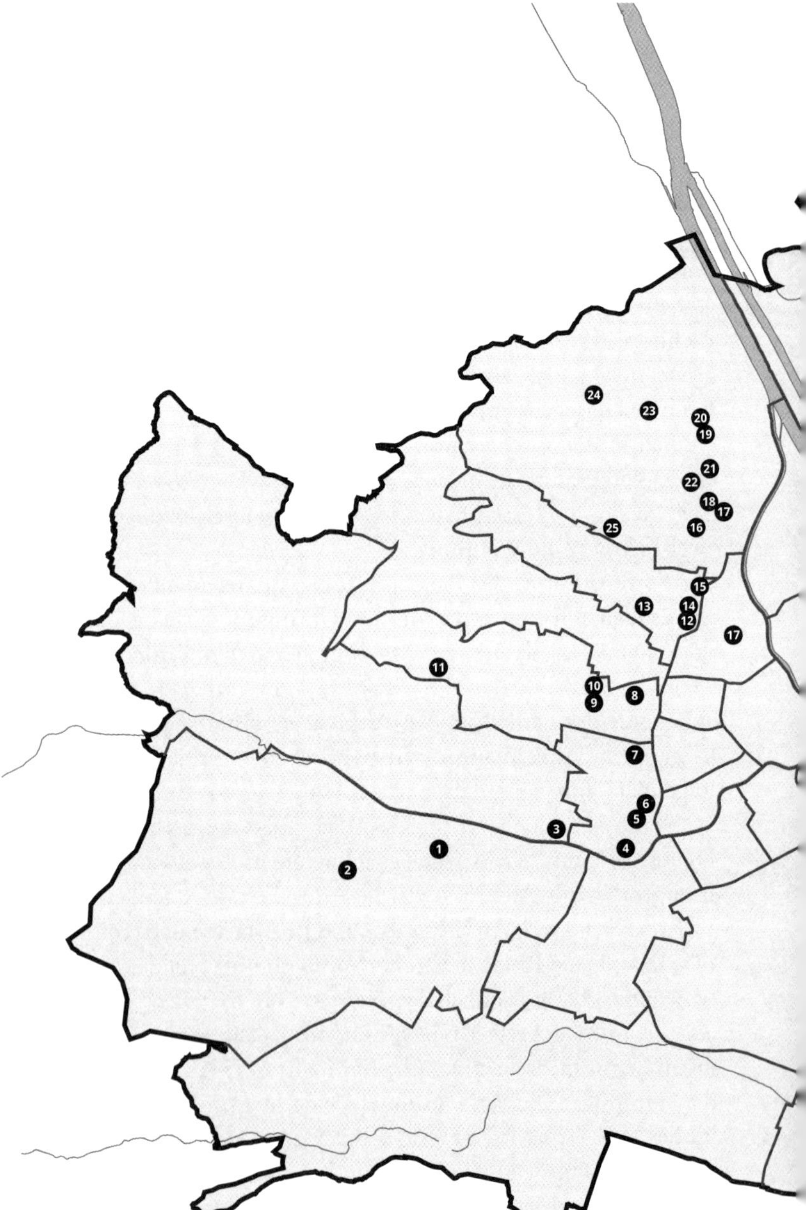
24
23
20
19
21
22
18
17
25
16
15
14
13
12
17
11
10
9
8
7
6
5
3
1
4
2

Durch die Außenbezirke

Durch die Außenbezirke

27
26
29
28
30
31
32
33

Hietzinger Synagoge

XIII., Eitelbergergasse 22

An dieser Stelle befand sich die einzige frei stehende Synagoge, die im Wien der Zwischenkriegszeit gebaut wurde. Bereits im Jahr 1912 wurde ein erster Wettbewerb zum Bau eines Tempels ausgeschrieben, allerdings wurde das Siegerprojekt wahrscheinlich als Folge des Beginns des Ersten Weltkriegs nicht realisiert. Erst 1924 beschloss man, einen neuen, internationalen Wettbewerb für jüdische Architekten zu veranstalten, an dem auch Auslandsösterreicher wie Richard Neutra (1892–1970) und Arthur Grünberger (1882–1935) teilnahmen – letzterer konnte sich durchsetzen. 1926 wurde mit dem Synagogenbau begonnen. Grünbergers Konzeption unterschied sich deutlich vom Historismus des 19. Jahrhunderts und spiegelte die Stimmung der 1920er-Jahre wider. Auch dieses Gotteshaus wurde Opfer der sogenannten Reichskristallnacht im November 1938; es wurde niedergebrannt, die Ruine ein halbes Jahr später geschleift.

Die Neue-Welt-Gasse, eine Seitenstraße der Eitelbergergasse, erinnert nur zufällig an die zionistische Zeitung der Zwischenkriegszeit. Vielmehr stammt der Name von einem Vergnügungsetablissement, das um 1860 auf diesem Gelände existierte.

Werkbundsiedlung

XIII., Jagdschloßgasse, Veitingergasse, Woinovichgasse, Jagićgasse, Engelbrechtweg

Ein für Architekturliebhaber lohnenswertes Ausflugsziel stellt die 1930 von Josef Frank (1885–1967) initiierte Werkbundsiedlung dar. Frank war der einzige österreichische Architekt, der 1927 an der Errichtung der berühmten Siedlung am Stuttgarter Weißenhof beteiligt war. Fünf Jahre nach deren Vollendung eröffnete er 1932 als Gegenkonzept zur Wiener Bautradition des mehrgeschoßigen Wohnblocks die österreichische Werkbundausstellung. Neben der heimischen Architekturelite lud Frank auch jene Architekten ein, die seiner Meinung nach in Stuttgart übergangen worden waren, unter ihnen Anton Brenner (1869–1957),

Haus von Clemens Holzmeister (1886–1983) in der Werkbundsiedlung.

Arthur Grünberger, Hugo Häring (1882–1958), Josef Hoffmann, Clemens Holzmeister, Heinrich Kulka (1900–1971), Adolf Loos, André Lurçat (1894–1970), Richard Neutra, Ernst Anton Plischke (1903–1992), Gerrit Rietveld (1888–1964) und andere. Die Werkbundsiedlung ist die dichteste Ansammlung von Architektur der klassischen Moderne in Österreich.

Josef Frank beendete sein Architekturstudium in Wien mit einer Dissertation über Leon Battista Alberti (1404–1472), um sich in seinem Schaffen dann ganz der Moderne zu widmen. 1919 bis 1925 war er als Professor an der Wiener Kunstgewerbeschule tätig. Er war Sozialist, warnte aber vor einer totalitären Gleichschaltung und vor dem Verlust des Individuums als Bezugspunkt in der Architektur. Seine Kritik an jeder Form von Dogmatik, die sich vor allem gegen das Bauhaus richtete, war mit einer tiefen Deutschlandskepsis verknüpft. In seinem wichtigen Werk *Architektur als Symbol* (1931) sprach er sich gegen den Funktionalismus der Bauhausbewegung aus.

Nach Errichtung der austrofaschistischen Diktatur emigrierte Frank im Jahr 1934 nach Schweden, kam aber bis 1938 immer wieder nach Wien. 1941 wanderte er mit seiner Gattin in die USA aus. In seinen New Yorker Jahren hielt er Vorlesungen an der New School for Social Research, widmete sich der Innenarchitektur und kreierte erfolgreich Stoffe. 1946 kehrte er nach Schweden zurück. Späte Huldigung in seiner früheren Heimat erfuhr er 1965, als ihm der Österreichische Staatspreis verliehen wurde. Frank starb 1967 in Stockholm in beruflicher Isolation.

Reinhardt-Seminar

XIV., Penzinger Straße 9

Max Reinhardt (eigentlich Maximilian Goldmann) entstammte einer bescheidenen Kaufmannsfamilie aus Ungarn und entwickelte in Wien seine Liebe zum Theater. Er war sich der antisemitischen Vorurteile seiner Zeitgenossen bewusst und legte 1890, vor seinem ersten Auftritt als Schauspieler, seinen eigentlichen Nachnamen Goldmann ab. Nach einem erfolgreichen Engagement in Salzburg ging Reinhardt 1894 nach Berlin.

Als Regisseur gelang ihm der Durchbruch mit William Shakespeares (1564–1616) *Sommernachtstraum*. Ab 1903 begann eine erfolgreiche Zusammenarbeit mit Hugo von Hofmannsthal: 1911 inszenierte Reinhardt die Uraufführung der Oper *Der Rosenkavalier*, mit dem Drama *Jedermann* eröffnete er 1920 die von ihm mitbegründeten Salzburger Festspiele. Er leitete zahlreiche Theater in Berlin, ab 1924 auch das Theater in der Josefstadt in Wien.

Reinhardt revolutionierte mit seinen technischen, aber auch schauspielerischen Innovationen nicht nur das deutschsprachige, sondern das gesamte europäische Theater. Im Jahr 1929 gründete er in Wien eine Schauspiel- und Regieschule, das nach ihm benannte Reinhardt-Seminar.

Reinhardt musste seine Tätigkeit in Deutschland 1933 gezwungenermaßen beenden. 1938 wanderte er mit seiner Ehefrau, der Schauspielerin Helene Thimig (1889–1974), nach New York aus, wo er jedoch nicht mehr richtig Fuß fassen konnte.

Max Reinhardt (Mitte) und seine Schülerinnen und Schüller, 1930.

Storchenschul

XV., Storchengasse 21

Am Gebäude der ehemaligen Storchenschul erinnert heute nur mehr eine verwitterte Tafel an die Synagoge. Die Inschrift lautet: »In diesem Haus befand sich durch mehr als 60 Jahre, bis zu seiner gewaltsamen Zerstörung im Jahre 1938, der Storchentempel des israel. Tempelvereins Emunath Awoth f. d. Bezirke XII–XIV.«

Bereits um 1873 konnte der Verein, der als eigene Kultusgemeinde anerkannt war, in der Storchengasse ein zweistöckiges Wohnhaus erwerben. Es waren hier eine Knabenlehranstalt, eine Talmud-Thora-Schule sowie ein Jugend-, Frauen- und Unterstützungsverein untergebracht.

Infolge der politischen Zusammenführung der Vorstadtgemeinden mit Wien und dem Erlass des Israelitengesetzes im Jahr 1890 wurde die Kultusgemeinde Fünfhaus in die Israelitische Kultusgemeinde Wien eingegliedert. 1930 wurde das Vereinshaus durch den Architekten Ignaz Reiser in eine Synagoge umgewandelt.

Die Storchenschul wurde während der Novemberpogrome verwüstet und zerstört. Seither dient das Gebäude nur mehr profanen Zwecken.

Haus Herklotzgasse 21

XV., Herklotzgasse 21

Das Gebäude wurde 1869 als Volksschule samt Turnhalle im Hof errichtet. Im Jahr 1906 erwarb die Präsidentin des jüdischen Ausspeisungsvereins und Philanthropin Regine Landeis (1852–1912) das Haus und stellte es u.a. dem Verein zur Errichtung und Erhaltung von Horten für schulpflichtige Kinder zur Verfügung.

Die großzügigen Räumlichkeiten wurden an hohen jüdischen Feiertagen für Gottesdienste verwendet. Im Gegensatz zu den religiös geprägten Einrichtungen im Turnertempel und in der Storchenschul zeigten sich die Vereine in der Herklotzgasse mehr dem Zionismus zugewandt. Einige von ihnen waren selbst nach den Novemberpogromen 1938 weiterhin aktiv, zudem wurden legale wie illegale Auswanderungen von hier aus in die Wege geleitet. Das Haus diente zeitweise Vertriebenen als Zufluchtsort und Nachtquartier.

1952 wurde das Haus an die Israelitische Kultusgemeinde übergeben. Rund um 1980 wurden in einem Parterreraum Archivbestände der IKG eingelagert – bei ihrer Wiederentdeckung im Jahr 2000 erwiesen sich diese als Kernbestand des Archivs der Israelitischen Kultusgemeinde. Damit zählt der Bestand nun zu den bedeutendsten der jüdischen Gemeinden in Europa.

Synagoge Turnergasse

XV., Turnergasse 22

Über lange Zeit herrschten im deutschsprachigen Raum arabisch-maurische, türkische oder russische Architektur- und Dekorationselemente für Synagogenbauten vor. Durch den anwachsenden Antisemitismus einerseits und die fortschreitende Assimilation von Juden andererseits wurden ab etwa 1870 orientalische Stilelemente als »fremd« abgelehnt und stattdessen abendländische Vorbilder für die Synagogalarchitektur herangezogen.

Anders als viele seiner Kollegen in der zweiten Hälfte des 19. Jahrhunderts, die den gotischen Stil bevorzugten, wählte

Synagoge Turnergasse, Postkarte um 1900.

Carl König für die Synagoge der jüdischen Vorstadtgemeinde Fünfhaus den Renaissancestil. Der Tempel war an drei Seiten frei stehend, der Hauptfront war ein kleiner Garten vorgelagert. Durch seinen Turm war das Gebäude schon von weitem als Sakralbau erkennbar.

Adolf Abraham Schmiedl (1821–1913), aus Mähren stammend, wirkte als Rabbiner in Fünfhaus; mit seinen volkstümlichen Predigten und einfachen Erklärungen erlangte er große Beliebtheit in der Gemeinde. Im Jahr 1894 wurde er an den Leopoldstädter Tempel berufen, wo er sein Amt bis zu seinem Tode ausübte.

Die Synagoge in der Turnergasse fiel im November 1938 dem Wüten der Nationalsozialisten zum Opfer. Im Mai 1940 wurde die Liegenschaft samt den Trümmern vom Transportunternehmer Leopold Hölzl (1906–1962) »arisiert«. Nach Abtragung der Mauerreste errichtete er dort eine Garage, später zusätzlich eine Tankstelle.

In den 1970er-Jahren verkaufte die Familie Hölzl, die infolge eines Vergleichs mit der IKG Besitzerin der Liegenschaft geblieben war, das Grundstück an die Gemeinde Wien, welche zunächst die Gebäude des Unternehmens abreißen und dann eine Wohnhausanlage bauen ließ. Die Fläche, auf der einst der Turnertempel stand, blieb unverbaut. 1988 wurde an dem Gemeindebau an für Passanten kaum sichtbarer Stelle eine Gedenktafel angebracht.

Später wurde im Rahmen des Projekts Herklotzgasse 21 ein Wettbewerb zur Gestaltung eines Denkmals gemeinsam mit der Stadtverwaltung und dem Kuratorium für Kunst im öffentlichen Raum (KÖR) ausgeschrieben. Dabei konnte sich das Team rund um Iris Andraschek, Hubert Lobnig, Maria Auböck und János Kárász mit ihrem Entwurf durchsetzen. Der neue Erinnerungsort in der Turnergasse wurde am 10. November 2011 eröffnet. Sieben Jahre später wurde der Platz, auf dem sich einst die Synagoge befand, nach Moshe Jahoda (1926–2016) benannt, der an der Errichtung des Gedenkorts maßgeblich beteiligt war.

Die fünf Gefallenen der Märzrevolution 1848 wurden unter großer öffentlicher Anteilnahme auf dem Schmelzer Friedhof beigesetzt. Unter den Opfern waren auch zwei Juden: ein Webergeselle und ein Student.

Ehemaliger Schmelzer Friedhof

XV., Märzpark

Auf dem Gelände, auf dem sich heute die Wiener Stadthalle und der Märzpark befinden, lag der Schmelzer Friedhof, wo die ersten Opfer der Revolution des Jahres 1848 beigesetzt wurden. Unter den fünf Gefallenen des 13. und 14. März waren auch der jüdische Student Karl Heinrich Spitzer (1830–1848) und der jüdische Webergeselle Bernd Herschmann. Getreu den Idealen der Revolution wurden die Toten ungeachtet ihrer konfessionellen Zugehörigkeit gemeinsam in einem Grab beigesetzt. Bei der Zeremonie ließen der protestantische Pastor Josef Pauer und der katholische Priester Anton Füster dem Wiener Rabbiner Isaac Noa Mannheimer demonstrativ den Vortritt. An der Trauerfeier nahmen rund 40 000 Menschen teil.

Mannheimer nutzte die Gelegenheit, um seinen Forderungen nach Emanzipation Nachdruck zu verleihen: »Es sei mir noch ein Wort vergönnt an meine christlichen Brüder! Ihr habt gewollt, dass die toten Juden da mit euch ruhen in eurer Erde, in einer Erde. Sie haben gekämpft für euch! Sie ruhen in eurer Erde! Vergönnt nun aber auch denen, die den gleichen Kampf gekämpft, dass sie mit euch leben auf einer Erde, frei und unbekümmert wie ihr!«

Die Grabstätte zierte ein Obelisk mit der Inschrift »13. März 1848«. Nach der Auflösung des Friedhofs wurden das Grab und der Obelisk im Jahr 1888 auf den Zentralfriedhof verlegt. Heute erinnern ein Gedenkstein sowie eine Tafel an die Opfer der Märzrevolution.

Synagoge Hubergasse

XVI., Hubergasse 8

Nur eine kleine, 1988 enthüllte Gedenktafel erinnert an die Synagoge des 16. Bezirks, die in den Jahren 1885/86 nach Plänen des Architekten Ludwig Tischler (1840–1906) erbaut wurde. Sie war nicht frei stehend, sondern von zwei Häusern begrenzt, mit denen sie eine gemeinsame Häuserflucht bildete. Auf den ersten Blick wirkte die Straßenfront deshalb auch wie eine besonders schön gegliederte Hausfassade. Im Hof errichtete Ignaz Reiser im Jahr 1927 ein kleines Winterbethaus, das an die Synagoge angrenzte.

Während der Novemberpogrome 1938 wurde die Synagoge in der Hubergasse im Inneren zerstört. Das baufällige Gebäude wurde nach Kriegsende wieder an die IKG restituiert. In den 1950er-Jahren wollte die Kultusgemeinde die Liegenschaft an die Gemeinde Wien verkaufen, doch diese wollte das Areal nur vollständig geräumt übernehmen. Also kam es erst 1969 zur Transaktion. Der Verkauf des Gebäudes sollte dem Zweck der Errichtung von Arbeiterwohnungen dienen. Anfang des Jahres 1970 wurde die ehemalige Synagoge abgetragen. Heute befindet sich an ihrer Stelle eine Wohnhausanlage.

Neben der Synagoge in der Hubergasse gab es in den benachbarten Bezirken Ottakring und Hernals noch drei weitere kleinere Bethäuser: Ahawath Scholaum in der Lindauergasse 5, Scheweth Achim in der Neulerchenfelder Straße 64, dem auch eine eigene Bibelschule angeschlossen war, sowie Gemilath Chesed in der Thelemangasse 8.

Kuffner-Brauerei (heute Ottakringer Brauerei)

XVI., Ottakringer Platz

Untrennbar mit der Biererzeugung in Wien ist der Name Kuffner verbunden. Die Familie stammte aus dem mährischen Lundenburg, wo sie durch Branntweinbrennerei und Wollhandel zu Vermögen gekommen war. Im Jahr 1849 begann die Geschäftstätigkeit in Wien. Ignaz von Kuffner (1822–1882) übernahm mit seinem Cousin Jakob (1817–1891) ein Bräuhaus in Wien-Hernals. Ein Jahr später erwarben sie die vormals Plank'sche Brauerei in Ottakring, deren Kapazitäten sie rasch erhöhten. Durch verschiedene Innovationen – etwa den Einsatz von Presshefe, die die Lagerfähigkeit der Biere verbesserte – blieb die Produktion immer auf dem neuesten Stand der technischen Entwicklung. Bereits in den 1870er-Jahren war die Kuffner'sche Brauerei die viertgrößte Biererzeugerin in Wien.

Auch in sozialen Belangen war der Betrieb seiner Zeit voraus. Da die Verköstigung der Arbeiter in den umliegenden Wirtshäusern zu kostspielig war und in den sogenannten Volksküchen die Qualität zu wünschen übrig ließ, schuf Ignaz von Kuffner eine betriebseigene Speiseanstalt, in der günstige, aber nahrhafte Kost verabreicht wurde. Die Arbeiter hatten Anspruch auf Urlaub und erhielten auch Sonderzulagen.

Ignaz von Kuffner.

Kuffner, der zwischen 1869 und 1876 auch als Bürgermeister der Gemeinde Ottakring fungierte, war als Wohltäter allgemein bekannt. 1873 wurde ihm das Ehrenbürgerrecht verliehen, fünf Jahre später erhob ihn Kaiser Franz Joseph I. als »Wohltäter der Armen« in den Adelsstand.

Nach Ignaz von Kuffners Tod übernahm sein Sohn Moriz (1854–1939) das Unternehmen und führte es bis zur Machtübernahme der Nationalsozialisten in Österreich weiter. 1938 verkaufte er seinen Betrieb in aller Eile noch vor Einrichtung der Vermögensverkehrstelle. Obwohl die Transaktion einigermaßen fair über die Bühne ging, musste die Familie einen beträchtlichen Vermögensverlust hinnehmen. Auch für den Käufer, den befreundeten Stockerauer Presshefe- und Spiritusfabrikanten Gustav Harmer, hatte die Abwicklung des Geschäfts unangenehme Folgen: Er wurde wegen »Tarnung jüdischen Vermögens« in Haft genommen und musste eine empfindliche Geldstrafe zahlen.

Moriz von Kuffner verstarb 1939 hochbetagt im Schweizer Exil. Nach Kriegsende wurde zwischen dem Käufer und der Familie ein Vergleich zustande gebracht, womit sich die Familie endgültig aus ihrem alten Metier zurückzog.

Palais Kuffner

XVI., Ottakringer Straße 118–120

1887 ließ Moriz von Kuffner dieses Palais für sich und seine Brüder Karl (1847–1924) und Wilhelm (1846–1923) erbauen und übersiedelte vom damaligen Wohnsitz im Brauereikomplex in ein standesgemäßes Quartier.

Das Haus wurde im Stil der Rothschild-Palais errichtet, allerdings in kleinerem Maßstab. Bei zahlreichen Empfängen und Soireen verkehrten hier Intellektuelle und Politiker; der Kardinalerzbischof von Wien zählte ebenso zu den Gästen wie der Wiener Oberrabbiner oder der Sozialdemokrat Albert Sever (1867–1942). Letzterer trug vermutlich dazu bei, dass Moriz von Kuffner namhafte Beträge in die Arbeiterheime in Ottakring und Favoriten investierte.

Zwischen 1900 und 1919 war Kuffner Vorstandsmitglied der Kultusgemeinde. In Ottakring gründete er eine Bewahranstalt für israelitische Kinder, für die seine Gattin angeblich jeden Tag ein Kleidungsstück strickte.

Moriz von Kuffner.

Moriz von Kuffner hatte äußerst vielfältige Interessen. Er befasste sich mit Philosophie und sammelte Kunst – u. a. besaß er eine bedeutende Sammlung von Dürer-Holzschnitten. Seine großen Leidenschaften waren allerdings Mathematik, Astronomie sowie das Bergsteigen. Eine besonders enge Freundschaft verband ihn mit dem Bergführer Alexander Burgener (1845–1910), mit dem er fast alle Viertausender der Alpen bestieg. Kuffner publizierte zahlreiche Artikel über die Geschichte des Bergsteigens sowie die alpine Literatur und Kunst.

Kuffner-Sternwarte

XVI., Johann-Staud-Straße 10

Der Grundstein zur Sternwarte wurde 1884 auf den Kuffner'schen Gründen am Osthang des Gallitzinbergs gelegt, zwei Jahre später erfolgte die Fertigstellung des vom k. u. k. Architekten Franz von Neumann junior (1862–1905), einem Schüler von August Sicard von Sicardsburg (1813–1868) und Eduard van der Nüll (1812–1868), geplanten Gebäudes.

Der Bauherr Moriz von Kuffner studierte an der Technischen Hochschule in Wien und trat dann in den Betrieb seines Vaters ein, welchen er ab 1882 leitete. Seine Erbschaft und erfolgreiches Unternehmertum ermöglichten es ihm, seinem astronomischen Hobby nachzugehen, wofür er bis zur Jahrhundertwende die stolze Summe von einer halben Million Gulden ausgab.

Die Kuffner-Sternwarte beschäftigte bedeutende Astronomen wie Karl Schwarzschild (1873–1916), Leo de Ball (1853–1916), Samuel Oppenheim (1857–1928) oder Gustav Eberhard (1867–1940) und machte bald nach ihrer Inbetriebnahme durch überaus bedeutende wissenschaftliche Leistungen auf sich aufmerksam. Im Laufe der Zeit etablierte sie sich zu einer ernst zu nehmenden Konkurrenz für die Universitätssternwarte.

Während des Ersten Weltkriegs kamen die wissenschaftlichen Aktivitäten der Sternwarte zum Stillstand, in der Zwischenkriegszeit bemühte sich Kuffner, die Sternwarte unter der Leitung Oppenheims als Universitätsinstitut einzurichten. 1928 kam ein Vertrag zwischen der Österreichischen Akademie der Wissenschaften und Moriz von Kuffner zustande, in welchem letzterer der Akademie seine Sternwarte für 15 Jahre zur Nutzung überließ. Kuffner erklärte sich auch bereit, die Reparatur der astronomischen Instrumente zu finanzieren.

1933 trat die Akademie von ihrem Vertrag zurück und ließ den nunmehr 80-jährigen Industriellen mit der Sorge um die Sternwarte allein. Im Jahr 1938 wurde Kuffner aus Österreich vertrieben und verstarb bald darauf im Schweizer Exil.

Die Kuffner-Sternwarte wurde von der Ortsgruppenleitung der NSDAP besetzt und 1944 an das Reichsministerium für Wissenschaft verkauft, nach dem Krieg zogen Organisationen der SPÖ und ÖVP in das Gebäude ein. 1950 wurde der gesamte Besitz an die Familie Kuffner rückgestellt, die die Liegenschaft mit der Auflage veräußerte, die Sternwarte fortan der Erwachsenenbildung zur Verfügung zu stellen.

Rothschild-Spital

XVIII., Währinger Gürtel 97

An der Stelle des Wirtschaftsförderungsinstituts der Kammer der gewerblichen Wirtschaft stand einst das berühmte Rothschild-Spital. Da das alte Spital der Israelitischen Kultusgemeinde in der Seegasse ab der zweiten Hälfte des 19. Jahrhunderts nicht mehr den Anforderungen der Zeit entsprach, suchte man nach

Das von Wilhelm Stiassny erbaute Rothschild-Spital am Gürtel. Heute befindet sich an seiner Stelle das Wirtschaftsförderungsinstitut der Wirtschaftskammer Wien.

Möglichkeiten zur Errichtung einer neuen Krankenanstalt. Nach einigen Verhandlungen erklärte sich Anselm Salomon von Rothschild bereit, die Finanzierung des neuen jüdischen Krankenhauses zu übernehmen.

Bereits während der Planung verlangte die Kultusgemeinde, beim Bau die neuesten Erfahrungen auf dem Gebiet des Spitalwesens zu berücksichtigen. Wilhelm Stiassny errichtete nach zahlreichen Diskussionen mit Ärzten ein vorbildliches Bauwerk, das auf die Bedürfnisse von Personal und Patienten Rücksicht nahm. Berühmte Ärzte der Wiener medizinischen Schule praktizierten im Rothschild-Spital, so etwa Leopold Oser (1839–1910), Otto Zuckerkandl (1861–1921) und Viktor Emil Frankl (1905–1997).

Nach dem Einmarsch der Nationalsozialisten in Österreich bestand das Spital noch bis 1942. Die SS beschlagnahmte das Gebäude und verwendete es als Lazarett. Das Israelitische Hospital musste daraufhin in die Malzgasse 16 im 2. Bezirk übersiedeln. Aufgrund des dortigen Platzmangels wurden einige Ambulanzen im nahegelegenen Altersheim in der Malzgasse 7 untergebracht. Da das Krankenhaus in der Malzgasse 16 weder über einen Aufzug noch über einen Luftschutzkeller verfügte, mussten die Patienten bei jedem Fliegeralarm aufs Neue auf Tragbaren die Geschoße hinab und später wieder hinaufgetragen werden.

Durch Bombentreffer beschädigt, wurde das Rothschild-Spital nach dem Zweiten Weltkrieg als Lager für sogenannte *displaced persons* verwendet. Insgesamt befanden sich in der Nachkriegszeit über 1,5 Millionen Flüchtlinge unterschiedlicher Herkunft und Ziele in Österreich. Allein im Sommer 1946 gingen 52 000 Personen durch das Lager im ehemaligen Krankenhaus. 1947 mussten vor allem rumänische Flüchtlinge betreut werden, was dazu führte, dass sich zeitweise bis zu 8000 Personen im Spital aufhielten. Erst 1953 wurde das Gebäude an die IKG rückgestellt. Da diese kein Geld hatte, um das stark beschädigte Haus instand zu setzen, verkaufte sie es 1959 an die Kammer der gewerblichen Wirtschaft.

Währinger Tempel

XVIII., Schopenhauerstraße 39

Im Jahr 1988 wurde an dem Wohnhaus eine Gedenktafel angebracht, welche an die nach Plänen des Architekten Jakob Modern (1838–1912) 1888/89 errichtete Synagoge erinnert. Das Gotteshaus war in der Form einer Basilika gestaltet und im arabischen Stil ausgemalt. Es bot Platz für rund 500 Gläubige. Mit der Synagoge wurde auch ein kleiner beheizbarer Wintertempel eingerichtet. Die Synagoge wurde 1938 während der Novemberpogrome zerstört.

Egon-Friedell-Wohnhaus

XVIII., Gentzgasse 7

In diesem Haus lebte Egon Friedell (eigentlich Egon Friedmann). Er machte sich sowohl als Kulturwissenschaftler (*Kulturgeschichte der Neuzeit*, 3 Bände, 1927–1931, und *Kulturgeschichte des Altertums*, 2 Bände, 1936/1949) als auch als Feuilletonist, Schriftsteller, Kritiker und Schauspieler einen Namen. Zu seinen engen Freunden zählten Peter Altenberg und Alfred Polgar. 1908–1910 leitete

Egon Friedell in einem orientalischen Kostüm, 1918.

er das berühmte Cabaret Fledermaus, ab 1913 spielte er unter der Regie von Max Reinhardt in Berlin und Wien.

Zwei Tage nach dem »Anschluss« läuteten SA-Männer an Friedells Wohnungstür. Friedell geriet in Panik und verübte Selbstmord, indem er aus dem Fenster sprang. Wie viele seiner Zeitgenossen hatte er zwar die sich abzeichnende Gefahr erkannt, aber nicht die Kraft besessen, Österreich rechtzeitig zu verlassen.

Währinger Friedhof

XVIII., Semperstraße 64 a

Der Währinger Friedhof wurde in der Zeit von 1783 bis 1879 belegt, Nachbelegungen in bestehende Familiengräber und -grüfte erfolgten bis ins Jahr 1884. Die Grabstätte wurde kurz nach dem Toleranzpatent Josephs II. angelegt und spiegelt das Schwanken zwischen fortschreitender Assimilation und dem Aufrechterhalten jüdischer Traditionen wider. Zu den berühmtesten Persönlichkeiten, die hier bestattet wurden, gehören Fanny und Nathan Adam von Arnstein.

Anfang 1941 beschloss der Wiener Gemeinderat die Auflösung der jüdischen Friedhöfe in Wien. Der Währinger Friedhof wurde in eine Grünanlage und ein Vogelschutzgebiet umgewidmet. Eine besonders grausame Idee hatten die Nationalsozialisten um die Jahreswende 1941/42, als sie noch in Wien lebende Juden zwangen, hunderte hier begrabene Personen zu exhumieren und zu pseudowissenschaftlichen Vermessungszwecken ins Wiener Naturhistorische Museum zu bringen.

Im Jahr 1947 wurden der Israelitischen Kultusgemeinde 220 dieser Skelette zur Wiederbestattung zurückgegeben. Ein beträchtlicher Teil des Währinger Friedhofs wurde während des Kriegs zerstört, da man auf dem Areal einen Löschwasserteich anlegte.

Heute steht dort der Schnitzler-Hof, ein Gemeindebau. Von den ursprünglich rund 9500 Gräbern existieren heute noch etwa 7000. Zurzeit ist der Friedhof bis auf Weiteres wegen Sanierungsarbeiten geschlossen.

Synagoge Dollinergasse

XIX., Dollinergasse 3

Das heutige Wohnhaus lässt wenig von der einstigen Funktion und Schönheit des Gebäudes erahnen. 1907 wurde das Haus nach Plänen des Architekten Julius Wohlmuth (1874–1931) im Jugendstil für eine Synagoge adaptiert. Die Fassadengestaltung

mit giebelförmigen Seitenrisaliten verlieh dem Gebäude ein palaisartiges Aussehen. Die Schmalseite zur Dollinergasse war durch ein ornamentiertes Rundbogenfenster aufgewertet.

Nach 1938 wurde das Gebäude jeglichen Fassadenschmucks beraubt; alles, was an religiösen Verwendungszweck erinnerte, wurde entfernt. Erst das 2018 realisierte Gedenkprojekt »OT« setzte ein dauerhaftes und einheitliches Zeichen an den 25 Standorten von zerstörten Synagogen in Wien. Die fünf Meter hohen »Sternstelen« des Künstlers Lukas Maria Kaufmann tragen jeweils einen ineinander verflochtenen leuchtenden Davidstern.

Waisenhaus für israelitische Mädchen (Charlotte-Merores-Itzeles-Stiftung)

XIX., Bauernfeldgasse 4 | IX., Währinger Straße 24

Dieses Waisenhaus ging auf eine testamentarische Stiftung von Charlotte Lea Merores-Itzeles (1825–1896) zurück, die nahezu ihr gesamtes Vermögen von rund zwei Millionen Kronen der Errichtung und Erhaltung eines Waisenhauses für israelitische Mädchen widmete. Zur Kapitalanlage wurde 1899 das Stiftungshaus in der Währinger Straße und 1902 bis 1904 das Waisenhaus in der Bauernfeldgasse errichtet. Beide Gebäude wurden von Wilhelm Stiassny geplant. Auf dem Haus in der Währinger Straße ist die Inschrift noch heute sehr gut zu erkennen. Das Waisenhaus in der Bauernfeldgasse wurde auf einem 7600 m² großen Gartengrundstück errichtet, das Gebäude selbst nahm 856 m² ein. Es umfasste drei Geschoße und ein Tiefparterre.

Die Gebäudeanlage wurde von einem glasgedeckten Hof beherrscht, der alle drei Stockwerke umfasste und von dem aus alle Räume zugänglich waren. In die Anlage waren ein Festsaal, der gleichzeitig als Lehr- und Übungsraum diente, ein Speisesaal sowie ein Turnsaal zur körperlichen Ertüchtigung der Waisen integriert.

Neben der testamentarischen Stiftung von Charlotte Lea Merores-Itzeles vermachte auch der nicht dem jüdischen Glauben angehörende österreichisch-ungarische Generalkonsul Karl

Prumler (1846–1916) seinen gesamten Nachlass dem Waisenhaus. Sein Interesse für die Anstalt war durch mehrere Besuche geweckt worden, bei denen ihn die Arbeit für die Waisenmädchen tief beeindruckt hatte. Nach 1918 schlitterte das Waisenhaus – wie viele andere humanitäre Anstalten – in eine tiefe finanzielle Krise. Die meisten Stiftungsvermögen wurden durch die Inflation nahezu vollkommen entwertet, sodass die Institution nur dank großer Mühen eines speziell dafür eingerichteten Komitees erhalten werden konnte.

Trotzdem versuchte man auch weiterhin, den Kindern die bestmögliche Betreuung zu sichern. Der Beginn der nationalsozialistischen Schreckensherrschaft im Jahr 1938 bedeutete das endgültige Aus für das Waisenhaus, 1942 wurde das Gebäude schließlich enteignet.

Nach dem Zweiten Weltkrieg bestand dort zwischen 1972 und 2009 das Maimonides-Zentrum, welches heute als moderner Neubau in der Simon-Wiesenthal-Gasse besteht.

Villa Wertheimstein

XIX., Döblinger Hauptstraße 96

Der alte Tullnerhof, der im Vormärz von dem berühmten Industriellen Rudolf Arthaber (1795–1867) gekauft und restauriert worden war, wurde 1876 vom Bankier Leopold von Wertheimstein gekauft. Wertheimstein war Prokurist des Bankhauses Rothschild und gehörte zu jenen Juden, die ihre hohe soziale Stellung im Kampf um die Anerkennung der Kultusgemeinde einsetzten. Wertheimstein wurde 1853 zum ersten Präsidenten der Israelitischen Kultusgemeinde gewählt.

Seine Gattin Josephine führte ebenso wie seine Tochter Franziska einen Salon. Zu den Freunden des Hauses zählte Ferdinand von Saar, der von Franziska auch finanziell unterstützt wurde. Sie vererbte die Villa samt der prächtigen Einrichtung und dem Park der Stadt Wien. Heute befinden sich in diesem Haus Gedenkräume für Saar und Eduard von Bauernfeld (1802–1890) sowie das Döblinger Bezirks- und das Weinbaumuseum.

Villa Werfel

XIX., Steinfeldgasse 2

Alma Mahler-Werfel.

Auf dem Höhepunkt seiner klassizistischen Phase erbaute Josef Hoffmann im Jahr 1909 als letztes Haus seines »Hoffmann-Konglomerats« auf der Hohen Warte diese Villa für den Bauingenieur Eduard Ast (1868–1945).

Franz Werfel erstand 1931 die Villa für sich und seine Gattin Alma Mahler-Werfel, die das dritte Stockwerk zu einem Arbeitsatelier ändern ließ. Trotz allem fühlte sich der Bohemien Franz Werfel, der vorher an verschiedensten Orten gelebt hatte – u. a. im Grabenhotel und im Hotel Bristol –, in dem luxuriösen und repräsentativen Bau nie wohl. Alma Mahler-Werfel machte den Salon dieser Villa zu einem Treffpunkt der Intellektuellen ihrer Zeit, neben vielen anderen verkehrten dort Ernst Bloch (1885–1977), Hermann Broch, Elias Canetti (1905–1994), Egon Friedell, Ödön von Horváth (1901–1938), Thomas Mann, Arnold Schönberg, Fritz Wotruba (1907–1975) und Carl Zuckmayer (1896–1977).

Franz Werfel (1890–1945) ließ sich nach seinem Studium in Leipzig und nach seinem Dienst als Soldat an der russischen Front in Wien nieder. Seinem Pazifismus verlieh er durch die 1919 erschienenen Gedichte in *Der Gerichtstag* Ausdruck. 1933 veröffentlichte er den Roman *Die vierzig Tage des Musa Dagh*, der den aussichtslosen Kampf der Armenier gegen ihre Vernichtung durch die Türken und das tatenlose Zusehen der Weltmächte schildert.

Nach dem »Anschluss« emigrierte er mit seiner Frau nach Frankreich und von dort weiter in die USA, wo es ihm gelang, zahlreiche eigene Werke auf die Bühne zu bringen bzw. zu verfilmen.

Werfel nahm sich in einigen Werken christlicher Themen an – etwa in *Das Lied von Bernadette* (1941) –, wehrte sich aber gegen die Behauptung, er habe sich dem Christentum angenähert: »Ich bin nicht getauft! Ich werde mich niemals taufen lassen! Ich habe niemals vom Judentum fortgestrebt, ich bin im Fühlen und Denken bewusster Jude!«

Knabenwaisenhaus des Vereins zur Versorgung hilfsbedürftiger israelitischer Waisen

XIX., Probusgasse 2

An dieser Stelle befand sich das größte israelitische Waisenhaus Wiens, das einst 65 Knaben beherbergt hatte. Ebenso wie das Mädchenwaisenhaus in der Ruthgasse wurde es vom Verein zur Versorgung hilfsbedürftiger israelitischer Waisen betrieben. Der Verein mit Sitz in der Seitenstettengasse wurde 1861 gegründet und hatte sich zum Ziel gesetzt, hilfsbedürftigen verwaisten Knaben und Mädchen der Israelitischen Kultusgemeinde Wiens durch moralische Einwirkung und Unterricht sowie Geldmittel eine zeitweilige Versorgung oder Unterstützung zur Erlangung einer selbstständigen Existenz zu gewähren.

Der Verein trug auf verschiedene Art und Weise Sorge für seine Zöglinge. Entweder wurden die Kinder in das Waisenhaus aufgenommen und dort versorgt oder der Verein zahlte einmal oder auch wiederholt Erziehungsbeiträge aus. Um 1900 hatte der Verein etwas mehr als 900 zahlende Mitglieder. Als Folge der Inflation nach dem Ersten Weltkrieg verloren viele Stiftungen in der Zwischenkriegszeit ihre ursprüngliche finanzielle Stärke, sodass die Geldmittel zur Erhaltung der Waisenhäuser von den Vereinsmitgliedern nur mehr unter großen Mühen aufgebracht werden konnten.

1938 kam durch die nationalsozialistische Schreckensherrschaft für das Knabenwaisenhaus – wie für alle anderen jüdischen Institutionen auch – das Ende. Die Vereine wurden aufgelöst, ihre Vermögen »arisiert« und die meisten Kinder in die osteuropäischen Vernichtungslager deportiert.

Israelitisches Blindeninstitut

XIX., Hohe Warte 32

Heute befindet sich in dem früheren Institutsgebäude das Polizeikommissariat für den 19. Wiener Gemeindebezirk. Nichts erinnert mehr daran, dass sich hier einst eine der berühmtesten und wichtigsten Institutionen der Blindenerziehung befand.

Die Gründung des Blindeninstituts auf der Hohen Warte ging auf eine Initiative von Ludwig August Frankl (1810–1894) zurück, Dichter und Revolutionär des Jahres 1848, Generalsekretär und Archivar der Wiener Israelitischen Kultusgemeinde. Für diese Gründung und für andere Leistungen wurde dem ehemaligen Revolutionär der Adelstitel Ritter von Hochwarth verliehen.

Eine großzügige Stiftung seitens Jonas von Königswarter sicherte den Bau der Anstalt, der vom Architekten Wilhelm Stiassny geplant wurde. Im Dezember 1872 konnte das Blindeninstitut eröffnet werden. Die Anstalt verfügte über ein Areal von 6060 m^2, wovon 767 m^2 verbaut waren, sowie über Schlafsäle für 22 Mädchen und 32 Knaben, vier Lehrsäle, einen Betraum und einen Turnsaal. Außerdem war das Haus mit Werkstätten für Blinde ausgestattet. Das Institut entsprach zeit seines Bestehens sämtlichen modernen Anforderungen der Blindenpädagogik. Die Grundlagen der Erziehung waren vor allem die »Veredelung« der Anlagen, die gründliche Geistesbildung und die zur vollen Erwerbstätigkeit führende Arbeit. Neben Gewerbe und Handwerk wurde besonderer Wert auf die musikalische Ausbildung gelegt. Die Schüler konnten etwa die Staatsprüfung für das Musiklehramt ablegen und als Klavierstimmer und Organisten arbeiten.

Nach Verlassen des Instituts wurden die Schüler bei der Existenzgründung und der weiteren Berufslaufbahn unterstützt. Das Institut gehörte zu den führenden Einrichtungen der Blindenerziehung in Europa. Ein Jahr nach dem »Anschluss« wurde das Institut geschlossen, die Schüler wurden zu den Eltern zurückgeschickt und kamen großteils in Vernichtungslagern um.

Mädchenwaisenhaus des Vereins zur Versorgung hilfsbedürftiger israelitischer Waisen

XIX., Ruthgasse 21

Das noch heute existierende Gebäude des Mädchenwaisenhauses wurde im Jahr 1891 nach Plänen von Architekt Max Fleischer errichtet. Die Baukosten sowie die Einrichtung wurden zur Gänze von den Gebrüdern Wilhelm und David von Gutmann getragen. Der Verein zur Versorgung hilfsbedürftiger israelitischer Waisen unterhielt das Heim, das durchschnittlich 60 Mädchen beherbergte. Ziel des Mädchenwaisenhauses war es, den Zöglingen eine Ausbildung zu ermöglichen, die sie auf ein eigenständiges Leben vorbereiten sollte. Mit 16 oder 17 Jahren mussten sie das Waisenhaus verlassen. Im Eingang erinnert noch heute eine Tafel an Sophie von Gutmann (1865–1943), Davids Ehefrau, die Vizepräsidentin eines Unterstützungsvereins für das Waisenhaus war.

Im Jahr 1936 musste das Mädchenwaisenhaus wegen Geldmangels aufgelassen werden. Die Kultusgemeinde richtete danach eine Sommertagesheimstätte ein, in der alljährlich etwa 400 bedürftigen jüdischen Kindern Erholungsmöglichkeiten angeboten wurden. 1935 wurde das Programm erweitert und ein Erholungsheim in Payerbach an der Rax mit dazugehörigen Wald- und Wiesengründen erworben. Im Rahmen der Aktion »Kinder aufs Land« konnten dort in den Sommermonaten jedes Jahr 4000 jüdische Kinder betreut werden.

Ralph-Benatzky-Gedenktafel

XIX., Himmelstraße 5

In Grinzing hing schon einmal eine Gedenktafel für den Komponisten Ralph Benatzky (eigentlich Rudolph Josef František Benatzky, 1884–1957); als Dank für sein Lied *Ich muss wieder einmal in Grinzing sein* wurde sie 1936 enthüllt, zwei Jahre später von den Nationalsozialisten aber wieder abgenommen und eingeschmolzen. Benatzky zählte zu den bedeutendsten Vertretern der silbernen Operettenära. Seine bekannteste Operette ist

Ralph Benatzky. Zeitgenössische Karikatur.

Im Weißen Rößl, die im Jahr 1930 in Berlin uraufgeführt und ein Riesenerfolg wurde – nicht nur in Berlin, sondern auch in Wien, London, Rom, Paris und Kairo.

Insgesamt schuf Benatzky über 5000 Kompositionen, weiters die Musik für über 200 Filme und zwei Opern; zu den meisten Liedern verfasste er auch den Text. Für *Hunderttausend Kinderhände*, das er nach dem Ersten Weltkrieg schrieb, wurde er zum Ritter der französischen Ehrenlegion ernannt.

Benatzky wanderte 1938 nach Paris aus, wo er alle die wiedersah, die am *Weißen Rößl* beteiligt waren: Karl Farkas und Siegfried Arno (1895–1975), die in Wien respektive Berlin den Sigismund gespielt hatten, Robert Gilbert (1899–1978), den Texter, Bruno Granichstaedten (1879–1944), den Komponisten der Einlage *Zuschau'n kann i net*, Max Hansen, den Leopold aus der Berliner Uraufführung, und Robert Stolz (1880–1975), der die Evergreens *Mein Liebeslied muß ein Walzer sein* und *Die ganze Welt ist himmelblau* komponiert hatte. Mit Ausnahme von Robert Stolz mussten alle Genannten aus »rassischen« Gründen Schutz in der Emigration suchen. Stolz war aus ideologischen Gründen emigriert und wollte erst wieder zurückkehren, wenn die Nationalsozialisten nicht mehr an der Macht waren. Im Mai 1940 flüchtete Benatzky mit seiner Gattin, der Tänzerin Melanie »Mela« Hoffmann (1909–1983), in die USA, wo es ihm aber nicht gelang, an seine Erfolge vor dem Krieg anzuschließen. »Amerika ist für mich, meine Musik, meine Texte, meinen Stil, meine Art, mein Wesen – kein Boden! Es ist furchtbar traurig, aber es ist so!«, so seine Worte. Kein Wunder also, dass Benatzky 1946 nach Europa zurückkehrte, und zwar nach Zürich, wo er 1957 starb.

Sigmund-Freud-Stele

XIX., Himmelstraße 113

Sigmund Freud.

Hier stand das Schloss Bellevue, in dem Sigmund Freud den Sommer 1895 verbrachte und wo es ihm zum ersten Mal gelang, einen Traum vollständig zu deuten.

Von seinen Zeitgenossen in Wien wurde er nicht nur nicht anerkannt, sondern teilweise auch verachtet und für seine Erkenntnisse angefeindet. Freud spürte die mangelnde Anerkennung in Wien, war sich aber seiner Bedeutung wohl bewusst, wenn er nicht ohne Ironie im Juni 1906 an Wilhelm Fließ (1858–1928) folgende Sätze schrieb, die auf dem Gedenkstein zu lesen sind: »Glaubst du eigentlich, dass an dem Hause dereinst auf einer Marmortafel zu lesen sein wird: ›Hier enthüllte sich am 24. Juli 1895 dem Dr. Sigmund Freud das Geheimnis des Traumes‹? Die Aussichten sind bis jetzt hiefür gering.« Freud sollte sich irren: Am 6. Mai 1977, seinem 121. Geburtstag, wurde in der Anwesenheit seiner Tochter Anna diese von Architekt Wilhelm Holzbauer (1930–2019) gestaltete Gedenktafel enthüllt. Dennoch – die Anerkennung und die Verehrung, die Freud international erfuhr und bis heute erfährt, wurden ihm in Wien nie zuteil, auch wenn wir heute im Stadtbild einige Orte finden, die an ihn erinnern.

Döblinger Friedhof

XIX., Hartäckerstraße 65

1855 wurde der Döblinger Friedhof eröffnet, der sich rasch zu einer beliebten Grablege für finanzkräftige Schichten entwickelte. Industrieadel, Fabrikanten und Großbürger, aber auch Künst-

Burgtheaterdirektor Adolf von Sonnenthal, begraben auf dem Döblinger Friedhof.

ler und Wissenschaftler fanden hier ihre letzte Ruhe. Es existiert zwar eine sogenannte israelitische Abteilung, allerdings finden sich die Gräber der Crème de la Crème des jüdischen Großbürgertums und des Industrieadels auch außerhalb dieser Abteilung. Eine Grabstätte auf dem Döblinger Friedhof zu besitzen war Ausdruck erfolgreicher Assimilation sowie des Bedürfnisses, die Zugehörigkeit zur Wiener Gesellschaft auch nach dem Tod unter Beweis zu stellen. Auch wenn viele der hier Bestatteten ihre jüdische Religion nicht abgelegt hatten, wurden die religiösen Vorschriften nicht ganz so ernst genommen. Der Nobelfriedhof ist keine rituell zulässige oder rituell geführte Begräbnisstätte; auch in der israelitischen Abteilung ist der Bestand der Gräber auf Friedhofsdauer – nach talmudischer Vorschrift soll die Grabesruhe auf ewig gesichert sein – nicht garantiert.

Ihre letzte Ruhe fanden hier u. a.: Leopold von Wertheimstein, Josephine von Wertheimstein und Franziska von Wertheimstein: Abt. I/1/Gruft 1; Moritz von Todesco und Eduard von Todesco: Abt. I/1/Gruft 2; Leopold von Lieben und Robert von Lieben: Abt. I/1/Gruft 3; Max von Gomperz: Abt. I/1/Gruft 4 (zu diesem Grab schuf der von der Familie Gomperz geförderte Emil Orlik ein Porträtrelief); Rudolf Auspitz: Abt. I/1/Gruft 13; Wilhelm von Kuffner: Abt I/1/Gruft 17 (Grabmal von Max Fleischer); Adolf von Sonnenthal (1834–1909): Abt. I/1/Gruft 44; Emil Zuckerkandl: Abt. I/2/Gruft 11 (das Grabmal wurde von Josef Hoffmann entworfen); Theodor Gomperz (1832–1912): Abt. VII/6; Albert Figdor (1843–1927): Gruft 2 hinter den Arkaden (das

Grabmal stammt von Josef Hoffmann); Adolf Lieben: Gruft 7 hinter den Arkaden; Familie Kuffner, Gruppe XXII/Gruft 26; Max von Gutmann (1857–1930): Gruppe XXII/Gruft 33; Caroline von Gomperz-Bettelheim (1845–1925): Gruppe XXXII/3/22.

Das berühmteste Grab ist jenes der Familie Herzl. In Abt. I/1/Gruft 30 wurde Theodor Herzl am 7. Juli 1904 unter großer Anteilnahme von Zionisten aus aller Welt zur ewigen Ruhe gebettet. Mehr als 6000 Menschen folgten dem Sarg. Herzls 13-jähriger Sohn sprach das Kaddisch, das jüdische Totengebet. In seinem Nachruf legte David Wolffsohn (1856–1914) für die zionistische Bewegung den Schwur ab, dass Herzls Werk fortgeführt und sein Name nie vergessen werde, solange noch ein Jude auf der Erde lebe. Mit Psalm 137 schloss Wolffsohn seine Rede: »Wenn ich Dein vergesse, Jerusalem, verdorre meine Rechte.«

Heute ist das Grab leer. Nach der Gründung des Staats Israel wurden die sterblichen Überreste Theodor Herzls 1949 am Herzl-Berg in Jerusalem bestattet.

Floridsdorfer Tempel

XXI., Holzmeistergasse 12

In den Wiener Vorstädten errichteten die autonomen Kultusgemeinden große, repräsentative Tempelbauten. Der Floridsdorfer Tempel wurde in den Jahren 1875 bis 1877 von Andreas Streit (1840–1916) auf einem Eckgrundstück erbaut. Ein kleines Eingangstor führte den Besucher entlang der Nordseite zu den Vorhallen an der Westfront. Wie die meisten Synagogenbauten dieser Zeit war das Hauptgebäude dreischiffig, Galerien und Decke wurden durch Stützpfeiler getragen. Im Parterre befanden sich 234 Sitze, auf den Galerien 156. Mit drei großen byzantinisch anmutenden Rundbogenfenstern und zwei Pilastern ließ auch die Außenseite die Dreischiffigkeit des Innenraums erkennen. Die Synagoge ist heute aus dem Stadtbild verschwunden.

Israelitischer Friedhof Floridsdorf

XXI., Ruthnergasse 24–26

1877 wurde dieser kleine, versteckte Friedhof von der damals unabhängigen Kultusgemeinde Floridsdorf angelegt. 1890 wurde Floridsdorf offiziell zu einem Stadtteil Wiens und der Friedhof ging in die Zuständigkeit der Israelitischen Kultusgemeinde über. Es wurden hier vor allem Juden aus den nördlichen Gemeinden Niederösterreichs begraben.

Die bekannteste jüdische Persönlichkeit aus Floridsdorf war der Rabbiner Joseph Samuel Bloch, der sich unermüdlich für seine Glaubensgenossen einsetzte und von 1883 bis 1895 Reichstagsabgeordneter war.

Besondere Berühmtheit erlangte er im Jahr 1883 im Streit um einen angeblichen Ritualmord im ungarischen Tiszaeszlár. Die Angeklagten waren zwar freigesprochen worden, es kam jedoch weiterhin zu Ritualmordbeschuldigungen gegen Juden. Dabei tat sich besonders der Prager Universitätsprofessor August Rohling hervor. Er behauptete, dass »das Vergießen nichtjüdischen jungfräulichen Bluts für die Juden eine außerordentliche heilige Handlung« sei. Daraufhin bezichtigte Joseph Samuel Bloch Rohling öffentlich der Lüge, um damit einen Ehrenbeleidigungsprozess zu erzwingen, in dem er den Prager Antisemiten juristisch zu widerlegen hoffte. In der Tat schritt Rohling zur Klage, zog diese allerdings kurz vor dem mit Spannung erwarteten Prozess zurück. Indirekt gestand er dadurch die Unwahrheit seiner Aussagen ein, wodurch er in weiterer Folge alle seine Positionen an der Prager Universität verlor. Bloch hatte damit einen wichtigen Sieg im Kampf gegen den Antisemitismus errungen.

Madame-d'Ora-Park

XXII., Madame-d'Ora-Park

Die Fotografin Dora Philippine Kallmus (1881–1963), die unter dem Namen Madame d'Ora zu Ruhm gelangte, wurde 1881 in Wien geboren. Sie stammt aus einer wohlsituierten Familie mit besten gesellschaftlichen Verbindungen. Bereits in jungen Jahren beschließt Kallmus, Fotografin zu werden. Die ersten Einblicke in die Arbeit im Fotoatelier bekommt sie in den 1900er-Jahren bei Hans Makart (1870–1946), dem gleichnamigen Sohn des bekannten Malers (1840–1884).

Zu jener Zeit war Frauen die Fotografenlehre verwehrt – lediglich eine Sondererlaubnis für die Teilnahme an Vorträgen konnte Dora Kallmus für sich erwirken. 1907 ging sie nach Berlin, um sich bei Nicola Perscheid (1864–1930) im Bereich der künstlerischen Fotografie ausbilden zu lassen. Noch im selben Jahr kehrt Kallmus nach Wien zurück, um gemeinsam mit Arthur Benda (1885–1969) in der Wipplingerstraße 24 im ersten Bezirk das Atelier »d'Ora« zu eröffnen. Innerhalb weniger Jahre erarbeiten sich die Pionierin und ihr Geschäftspartner ein internationales Renommee. Zum Kundenkreis zählen Berühmtheiten wie Alma Mahler, Arthur Schnitzler, Tina Blau (1845–1916), Max Reinhardt, Berta Zuckerkandl, Gustav Klimt, Emilie Flöge (1874–1952) oder Karl Kraus. 1916 fotografierte Kallmus die Krönung von Kaiser Karl I. in Budapest.

Ab dem Jahr 1917 widmet sich Madame d'Ora, wie sich die Künstlerin zu nennen pflegte, verstärkt der Modefotografie. 1925 gründet sie ihr eigenes Atelier in Paris, zwei Jahre später verkauft d'Ora das Wiener Geschäft an Arthur Benda und zieht in die französische Metropole. Dort avanciert sie zu einer schillernden Figur in der Welt der Modefotografie. Es entstehen Zusammenarbeiten mit ikonenhaften Persönlichkeiten wie Josephine Baker (1906–1975), Maurice Chevalier (1888–1972), Anna Pawlowa (1881–1931) oder Coco Chanel (1883–1971).

Der Einmarsch der Nationalsozialisten in Frankreich im Jahr 1940 bildet eine Zäsur im Leben und Werk von Madame d'Ora. Sie verkauft ihr Atelier in Paris und hält sich in Südfrankreich versteckt. Nach Kriegsende besucht sie zum ersten Mal wieder Österreich und macht Aufnahmen in Flüchtlingslagern. Erstmals fotografiert d'Ora außerhalb ihres Ateliers und dokumentiert die grausamen Folgen des Krieges. In den 1950er-Jahren entstehen in Paris schockierende Fotoserien mit Bildern aus Schlachthöfen, in denen die Abscheulichkeiten der Massenschlachtung thematisiert werden. Schonungslos zeigt die Künstlerin etwa Aufnahmen von Kadavern in Mülltonnen.

Nach einem Autounfall verbringt Madame d'Ora ihre letzten Lebensjahre in Frohnleiten in der Steiermark. Sie starb 1963 und wurde zunächst auf dem Ortsfriedhof beigesetzt. Nachdem das Grab später aufgelöst worden war, setzte sich Elie Rosen, Präsident der Jüdischen Gemeinde Graz, dafür ein, die sterblichen Überreste von d'Ora nach Graz zu überführen. 2019 wurde die Fotografin sodann exhumiert und in ein Ehrengrab auf dem Jüdischen Friedhof Graz überstellt. Allerdings war Dora Kallmus bereits im Jahr 1919 evangelisch getauft worden, wie sich anhand des Pfarrbuchs der Pfarrgemeinde Wien-Innere Stadt belegen lässt.

Yella-Hertzka-Park

XXII., Ilse-Arlt-Straße

Yella Hertzka (1873–1948), geboren in Wien als Yella Fuchs, war eine österreichische Frauenrechtlerin, Verlegerin, Gärtnerin sowie Gründerin der ersten Höheren Gartenbauschule für Mädchen. Dies war die erste Schule ihrer Art zu Zeiten der Monarchie. Hertzka war zudem eine bedeutende Figur in der österreichischen und internationalen Frauen- und Friedensbewegung.

Im Jahr 1897 heiratete Yella Fuchs den Musikverleger Emil Hertzka (1869–1932), der zwischen 1907 und 1932 Direktor der Universal Edition in Wien war. 1912 gründete sie in Döbling die erste Höhere Gartenbauschule für Mädchen, deren Leitung sie bis 1938 innehatte. Die Bildungseinrichtung vermittelte den jungen Frauen nicht nur gärtnerische Fähigkeiten, sondern auch betriebswirtschaftliche Kompetenzen. Zudem wurden im schuleigenen Internat junge Zionistinnen für ihre Aktivität in Palästina vorbeireitet.

Yella Hertzka war Mitbegründerin des Neuen Wiener Frauenklubs. Dieser organisierte ab 1903 ein vielfältiges Programm für seine Mitglieder, mit dem Ziel, geselligen Verkehr und geistige Anregung frei von politischen Tendenzen zu bieten. Dazu zählten Vorträge, Lesungen, künstlerische Darbietungen sowie Ausflüge. Zwischen 1909 und 1933 war Hertzka Präsidentin des Klubs, danach Ehrenpräsidentin. Zudem war sie ab 1921 Vorsitzende der österreichischen Sektion der Internationalen Frauenliga für Frieden und Freiheit.

Im hauseigenen Park der Grinzinger Gartenbauschule richtete Yella Hertzka regelmäßig Feste aus, an denen prominente Persönlichkeiten aus dem Wiener Musikleben teilnahmen. Zu den Gästen zählten etwa Darius Milhaud (1892–1974), Gustav Mahler, Arnold Schönberg, Béla Bartók (1881–1945), Zoltán Kodály (1882–1967) oder Ernst Krenek (1900–1991). Auf Hertzkas Anregung hin entstand 1913 die von Josef Hoffmann realisierte Kaasgrabenkolonie, eine Künstersiedlung im 19. Bezirk.

Nach dem Tod ihres Mannes gehörte Yella Hertzka bis zum »Anschluss« und der »Arisierung« des Unternehmens als Hauptaktionärin dem Aufsichtsrat des Musikverlags an und war an der Geschäftsführung beteiligt. Am Ende des Jahres 1938 heiratete sie ihren Prager Cousin Edgar Taussig (1869–1943), um die tschechoslowakische Staatsbürgerschaft zu erlangen. Dank dieser gelang ihr 1939 die alleinige Flucht nach London, wo sie bis 1946 im Exil lebte. Dort arbeitete sie als Gärtnerin und engagierte sich im britischen Zweig der Internationalen Frauenliga für Frieden und Freiheit. Edgar Taussig hingegen wurde deportiert und kam 1943 im KZ Theresienstadt ums Leben.

Nach ihrer Rückkehr nach Wien wurde Hertzka im Jahr 1947 zur öffentlichen Verwalterin des Musikverlags Universal Edition berufen, ein Jahr darauf verstarb sie.

Steg in den Gedenkwald Aspern

XXII., Seestadtstraße

Unter Bürgermeister Helmut Zilk (1927–2008) legte die Gemeinde Wien im Jahr 1987 einen Gedenkwald für die rund 65 000 jüdischen Opfer der Shoah an. Dabei wurden auf dem ehemaligen Flugfeld Aspern, das im Zweiten Weltkrieg als Stützpunkt der deutschen Luftwaffe diente, symbolisch 65 000 Bäume gepflanzt. Ein Jahr später wurde ein Gedenkstein enthüllt, der auf einer Lichtung inmitten des zehn Hektar großen Areals aufgestellt wurde. Dieser soll als deutlich sichtbares Zeichen gegen das Vergessen und die Gräueltaten der Nationalsozialisten dienen.

Im Jahr 2017 wurde der Gedenkwald neu gestaltet und im Zuge dessen seine Zugänglichkeit durch Holzstege verbessert. Zudem wurde ein sogenannter Gedenksteg angelegt, in dem 18 Tafeln eingelassen sind, die über die Geschichte des Flugfelds Aspern informieren. Bei den Texten wirkte der Historiker Peter Pirker federführend.

Favoritner Tempel

X., Humboldtgasse 27

Die Humboldt-Synagoge war das erste Gotteshaus, das Jakob Gartner in Wien errichtete. Es zeichnete sich bereits die Vorliebe des Architekten für romanisierende Stilformen ab, die er meist durch verschiedene Türmchen bereicherte. Die Humboldt-Synagoge beeindruckte durch ihre Zentralkuppel, die weit sichtbar in den Himmel ragte. Auch vor diesem Gebäude machten die Nationalsozialisten in der sogenannten Reichskristallnacht nicht Halt.

Simmeringer Synagoge

XI., Braunhubergasse 7

Die Simmeringer Synagoge wurde von Jakob Gartner geplant, der für diesen Bau an die Romanik erinnernde Stilelemente verwendete, hier jedoch aus Geldgründen auf die für ihn typischen Türme verzichten musste. 1898 wurde der Bau an der Kreuzung von Braunhubergasse und Hugogasse errichtet. Der Grundriss des Betraums, der 249 Sitzplätze für Männer fasste, war ein Quadrat; auf den Galerien waren 133 Plätze für Frauen vorgesehen. Die Synagoge wurde während der Novemberpogrome im Jahr 1938 zerstört.

Auf dem Zentralfriedhof.

Zentralfriedhof

XI., Simmeringer Hauptstraße 234

Im Jahr 1863 beschloss der Wiener Gemeinderat die Errichtung eines Zentralfriedhofs außerhalb der Stadt. Heute liegt die großzügige Ruhestätte im elften Wiener Gemeindebezirk. Der Erwerb des Grundstücks fand 1869 statt, 1874 wurde der Wiener Zentralfriedhof eingeweiht und damit eröffnet. Zuvor wurde der Kultusgemeinde eine eigene Parzelle zugesprochen.

Die israelitische Abteilung wurde 1877 vergrößert, gleichzeitig wurde eine Zeremonienhalle errichtet. 1886 wurde das Areal nochmals um rund vier Hektar erweitert. Der Zentralfriedhof löste damit den Währinger Friedhof als wichtigste jüdische Ruhestätte ab. Bis 1916 wurden hier rund 80 000 Personen beigesetzt. Von den Gräbern wurden 1945 etwa 3000 Grabstätten durch Fliegerbomben zerstört.

Die Zeremonienhalle wurde nach Plänen von Wilhelm Stiassny realisiert. Stiassny orientierte sich hierfür an Vorbildern der Antike und der Renaissance. Das Gebäude wurde im November 1938 angezündet und zerstört, die Ruine 1976 geschleift.

Die Kultusgemeinde errichtete eine weitere, provisorische Zeremonienhalle nach Plänen des Architekten Jakob Gartner beim vierten Tor, wo sich seit 1916 die israelitische Abteilung befindet. 1926 erbaute der Architekt Ignaz Reiser hier eine monumentale Kuppelzeremonienhalle mit Leichenkammer, Beisetzungsräumen, Leichenkühlanlagen und anderen den rituellen und hygienischen Anforderungen entsprechenden Einrichtungen. Das Gebäude stellte ein würdiges Gegenstück zur Lueger-Kirche und zum Krematorium von Clemens Holzmeister dar. Auch diese beeindruckende Anlage wurde von den Nationalsozialisten zerstört. Sie wurde gesprengt, jedoch nicht abgetragen, sodass sie Ende der 1960er-Jahre wieder errichtet werden konnte.

Einige Wiener Juden wurden in Ehrengräbern bestattet, die außerhalb der Israelitischen Abteilung zu finden sind. 2011 wurde die Sanierung von 39 Ehrengräbern durch die Gemeinde Wien und das Bundesdenkmalamt abgeschlossen. Darunter befinden sich jene von Adolf Fischhof, Alfred Gerngroß, Karl Goldmark (1830–1915), Moritz von Königswarter, Ignaz Kuranda (1811–1884), Solomon Sulzer und Otto Zuckerkandl.

83204 - 83204

Eintritt
"Gustav Klimt Der Beethovenfries
Ausstellungen zeitgenössischer Kunst"
Contemporary art exhibitions
1 x EUR 12.00 = EUR 12.00

secession

Friedrichstraße 12, 1010 Wien, www.secession.at
Mit dem Kauf dieser Eintrittskarte erkennen Sie die Hausordnung der Secession an.
By buying this ticket you accept the rules of the house.

Einrichtungen jüdischen Lebens in Wien

IKG – Israelitische Kultusgemeinde Wien
Seitenstettengasse 4, 1010 Wien
+43 1 531 04 0
office@ikg-wien.at

IKG Kultur Wien
+43 1 531 04 203
kultur@ikg-wien.at

Book Shop Singer, Info Point Jewish Vienna
Rabensteig 3, 1010 Wien
+43 1 512 45 10
office@singer-bookshop.com

Jewish Walking Tour
+43 699 1925 15 24
office@jewishinfopoint.at

Gemeindezentrum der IKG
Seitenstettengasse 2, 1010 Wien
+43 1 531 04 103
+43 1 531 04 104

Anne Kohn-Feuermann Tagesstätte
Simon-Wiesenthal-Gasse 5, 1020 Wien
+43 1 725 75 6180
s.ogris@maimonides.at

Psychosoziales Zentrum ESRA
Tempelgasse 5, 1020 Wien
+43 1 214 90 14
office@esra.at

Maimonides-Zentrum – Elternheim der IKG
Simon-Wiesenthal-Gasse 5, 1020 Wien
+43 1 72 575 0
office@maimonides.at

Bildungseinrichtungen

Jüdisches Museum der Stadt Wien
Dorotheergasse 11, 1010 Wien
+43 1 535 04 31
info@jmw.at

Bibliothek des Jüdischen Museums
Seitenstettengasse 4, 1010 Wien

Jüdisches Institut für Erwachsenenbildung
Praterstern 1, 1020 Wien
+43 1 216 19 62
jife@vhs.at

ZPC – Zwi-Perez-Chajes-Schule der IKG Wien
Simon-Wiesenthal-Gasse 3, 1020 Wien
+43 1 216 40 46
office@zpc.at

JBBZ – Jüdisches berufliches Bildungszentrum
Adalbert-Stifter-Straße 18, 1200 Wien
+43 1 33 10 60
organisation@jbbz.at

Lauder-Chabad-Campus
Rabbiner-Schneerson-Platz 1, 1020 Wien
+43 1 334 18 18
info@lauderchabad.at

Talmud-Thora-Volks- und Hauptschule, Machsike Hadass für Knaben
Malzgasse 16, 1020 Wien
+43 1 214 50 80

Talmud-Thora-Volks- und Hauptschule, Machsike Hadass für Mädchen
Große Stadtgutgasse 24, 1020 Wien

Talmud-Thora-Volks- und Mittelschule der »Agudas Israel«
Tempelgasse 3, 1020 Wien

Talmud-Thora-Schule »Sinai«
Judenplatz 8, 1010 Wien
+43 1 535 41 53

Wiener Jeschiwa
Große Mohrengasse 19, 1020 Wien
+43 1 216 06 79

Wiener Akademie für Höhere Rabbinische Studien
Lilienbrunngasse 19, 1020 Wien
+43 1 216 88 64

Lauder Business School
Hofzeile 18–20, 1190 Wien
+43 1 369 18 18
office@lbs.ac.at

Jugendorganisationen

Jugendkommission der IKG
Seitenstettengasse 4, 1010 Wien
juko@ikg-wien.at

Bnei-Akiva
Judenplatz 8, 1010 Wien
+43 699 120 61 318
info@bneiakiva.at

Club Chai – Der Jugendclub Bet Halevi
Rabbiner-Schneerson-Platz 2, 1200 Wien
clubchai@buchara.at

Jad Bejad – Vereinigung bucharischer Jugend Wiens
Tempelgasse 7, 1020 Wien
+43 676 844 403 202
jadbejad@vbj.or.at

Haschomer Hatzair
Desider-Friedmann-Platz 1, 1010 Wien
+43 1 533 74 99
haschomerhatzair.at

Hillel Group für Jugendliche von 9–18 Jahren
Währinger Straße 24, 1090 Wien

Jüdische österreichische HochschülerInnen
Währinger Straße 24, 1090 Wien
office@joeh.at

Moadon – Der Club für jüdische junge Erwachsene ab 25
Währingerstraße 24, 1090 Wien
moadon@moadon.at

Sportvereine

S. C. Hakoah
Wehlistraße 326, 1020 Wien
www.hakoah.at

Sportclub Maccabi
Seitenstettengasse 4, 1010 Wien
www.maccabi-wien.at

Kulturvereine

Verein Or Chadasch – Jüdische Liberale Gemeinde Wien
Robertgasse 2, 1020 Wien
office@orchadasch.at

Kaukasisch-sephardische kulturelle Vereinigung
Novaragasse 7, 1020 Wien
+43 1 492 31 36

Vereinigung georgisch-sefardischer Juden in Österreich
Tempelgasse 7, 1020 Wien
+43 1 216 57 82

Verein bucharischer Juden Österreichs
Tempelgasse 7, 1020 Wien
www.bucharische-gemeinde.at

Kongress der bucharischen Juden Wiens
Rauscherstraße 23/13, 1200 Wien
www.buchara.at

Verband der sefardischen Juden
Tempelgasse 7, 1020 Wien
+43 1 216 69 76

Wiener Verein der russischen Juden
Haidgasse 1, 1020 Wien
+43 1 804 75 67 | +43 1 596 93 26

Verein Jüdische Veteranen des 2. Weltkriegs
Haidgasse 1, 1020 Wien
+43 1 512 99 03

Medien

Die Gemeinde Insider – Offizielles Organ der IKG Wien
Erscheint 10 × im Jahr
redaktion@ikg-wien.at
www.ikg-wien.at

David – Jüdische Kulturzeitschrift
Erscheint 4 × im Jahr
office@davidkultur.at
www.davidkultur.at

WINA – das jüdische Stadtmagazin
Erscheint 10 × im Jahr
office@jmv-wien.at
www.wina-magazin.at

Das Jüdische Echo
Erscheint 1 × im Jahr
office@juedischesecho.at
www.juedischesecho.at

Illustrierte Neue Welt
Erscheint 4 × im Jahr
neue-welt@chello.at
www.neuewelt.at

NU – Jüdisches Magazin für Politik und Kultur
Erscheint 4 × im Jahr
office@nunu.at
www.nunu.at

Friedhöfe

Zentralfriedhof, Tor I
Alter Israelitischer Friedhof
Simmeringer Hauptstraße 230 b, 1110 Wien

Zentralfriedhof, Tor IV
Neuer Israelitischer Friedhof
Simmeringer Hauptstraße 246, 1110 Wien

Friedhof Seegasse
Seegasse 9, 1090 Wien
Zugang über das Altersheim Rossau, Eingang Seegasse 11

Währinger Friedhof
Schrottenbachgasse 3, 1180 Wien

Friedhof Döbling
Hartäckerstraße 65, 1190 Wien

Israelitischer Friedhof Floridsdorf
Ruthnergasse 24–26, 1210 Wien

Religiöse Einrichtungen

Stadttempel
Seitenstettengasse 4, 1010 Wien
+43 1 531 04 111

Misrachi
Judenplatz 8, 1010 Wien
+43 1 535 64 60

Agudas Israel
Grünangergasse 1, 1010 Wien
+43 1 212 00 94

Agudas Israel
Tempelgasse 3, 1020 Wien
+43 1 512 83 31

Agudas Jeshurun
Marc-Aurel-Straße 2 b, 1010 Wien
+43 664 322 28 17

Synagoge in der ZPC-Schule
Simon-Wiesenthal-Gasse 3, 1020 Wien

Ohel Moshe
Lilienbrunngasse 19, 1020 Wien
+43 1 216 51 94

Chabad Haus
Taborstraße 20a, 1020 Wien
+43 676 831 817 71

Khal Chassidim
Große Schiffgasse 8, 1020 Wien
+43 1 216 36 95

Sefardisches Zentrum
Tempelgasse 7, 1020 Wien
Bucharische Synagoge:
+43 1 276 44 68
Georgische Synagoge:
+43 1 276 44 76

Machsike Hadass
Große Mohrengasse 19,
1020 Wien
+43 1 214 13 47

Wiener Jeschiwah
Große Mohrengasse 19,
1020 Wien
+43 1 216 16 26

Shaare Ovadia (Augarten) Synagoge
Rabbiner-Schneerson-Platz 1,
1020 Wien
+43 1 214 23 48

Hamidrasch Torah etz Chayim
Große Schiffgasse 8, 1020 Wien
+43 1 216 36 99

Synagoge Blumauergasse
Blumauergasse 10, 1020 Wien

Betraum im AKH
Währinger Gürtel 18–20,
1090 Wien

Heichal Menachem Chabad Synagoge
Grünentorgasse 26, 1090 Wien
+43 676 831 818 18

Ohel Avraham Synagoge
Hofzeile 18, 1190 Wien
www.synagogedoebling.at

Beit Halevi
Rabbiner-Schneerson-Platz 2,
1200 Wien
+43 1 968 28 89
office@bethhalevi.org

Mikvaot

Mikwe Agudas Israel
Tempelgasse 3, 1020 Wien
+43 1 216 99 73

Mikwe Machsike Hadass
Fleischmarkt 20–22, 1010 Wien
+43 1 512 52 62

Mikwe Chabad
Rabbiner-Schneerson-Platz 1,
1020 Wien
+43 676 848 755 206

Apotheken

Mohren Apotheke
Wipplingerstraße 12, 1010 Wien

Hotels, Pensionen

Pension Liechtenstein
Große Schiffgasse 19, 1020 Wien
+43 1 216 84 98
www.pension-liechtenstein.at

Sky Apartments Vienna
Taborstraße 52, 1020 Wien
+43 1 212 49 55
www.skyapartments.at

Imbisse, Fisch und Fleisch

Imbiss »Chez Berl«
Große Stadtgutgasse 7,
1020 Wien

Koscher Fleisch & Imbiss,
Abraham Davidov
Karmelitermarkt 49–52,
1020 Wien

Imbiss »Kosher Deli«
Kleine Sperlgasse 7, 1020 Wien

Fleischerei »Shefa Markt«
Heinestraße 24–28,
1020 Wien
Fischgeschäft David Rafaelo
Hannovermarkt 1, Stand 70,
1200 Wien

Lebensmittel und Bäckereien

Supermarkt und Bäckerei
Ohel Moshe
Lilienbrunngasse 17, 1020 Wien
Supermarkt Shefa Markt
Heinestraße 24–28, 1020 Wien
Bäckerei Prego
Taborstraße 43/5–6, 1020 Wien
Supermarkt Lamehadrin
Taborstraße 48 a, 1020 Wien
Vinothek Ferszt
Taborstraße 20 a, 1020 Wien
Shneor's – Familie Zivion
Herminengasse 21, 1020 Wien
Café-Konditorei Neunteufl
(Gur Chaim)
Ungargasse 52, 1030 Wien
Supermarkt Rafael Malkov
Tempelgasse 8,
Ferdinandstraße 2,
1020 Wien
Fetman's Koscher Markt
Hollandstraße 10, 1020 Wien

Restaurants

Restaurant Alef Alef
Seitenstettengasse 2, 1010 Wien
Restaurant Misada
Rotensterngasse 33–35,
1020 Wien
Restaurant Novellino
Zirkusgasse 15, 1020 Wien
Yudale am Volkertmarkt
Volkertplatz 5, Stand 31+33,
1200 Wien
Bäckerei und Pizzeria Prego
Taborstraße 43/5–6,
1020 Wien
Restaurant Mea Shearim
Schmelzgasse 3, 1020 Wien
Sanatorium Maimonides-Zentrum
Simon-Wiesenthal-Gasse 5,
1020 Wien
Volkertmarkt, Stand 30+32
Waldmüllergasse 12/1, 1200 Wien

Catering

Koscher Catering »Shneor's«
Herminengasse 21, 1020 Wien
Bernholtz Catering
Negerlegasse 2, 1020 Wien
Emanuel – Finest Kosher Catering
Nordwestbahnstraße 37,
1200 Wien

Judaica

Etz Chaim Judaica – Bücher,
Judaika, Spielsachen
Novaragasse 4, 1020 Wien
+43 699 105 171 83

Wichtige Adressen

Botschaft des Staates Israel
in Österreich
Anton-Frank-Gasse 20,
1180 Wien
+43 1 476 46 0
Dokumentationsarchiv des österreichischen Widerstandes (DÖW)
Wipplingerstraße 6–8,
1010 Wien
www.doew.at
Nationalfonds der Republik
Österreich
Kirchberggasse 33–35,
1070 Wien
www.nationalfonds.org

Wiener Wiesenthal Institut für Holocaust-Studien (VWI)
Rabensteig 3, 1010 Wien
office@vwi.ac.at

Zukunftsfonds der Republik Österreich
Schwarzenbergplatz 1, 1010 Wien
info@zukunftsfonds-austria.at

Forum gegen Antisemitismus
Simon-Wiesenthal-Gasse 3, 1020 Wien
info@fga-wien.at

ZARA – Zivilcourage und Anti-Rassismus-Arbeit
Schönbrunner Straße 119/13, 1050 Wien
office@zara.or.at

HEMAYAT – Betreuungszentrum für Folter- und Kriegsüberlebende
Sechsschimmelgasse 21, 1090 Wien
office@hemayat.org

Jewish Welcome Service Vienna
Judenplatz 8/8, 1010 Wien
office@jewish-welcome.at

Aktion gegen den Antisemitismus in Österreich
www.gegendenantisemitismus.at

Projekt »OT«
www.lichtzeichen.wien

Projekt »Servitengasse 1938«
www.servitengasse1938.at

Verein Steine der Erinnerung
www.steinedererinnerung.net

Verein Gedenkdienst
www.gedenkdienst.at

Centropa – Zentrum zur Erforschung und Dokumentation jüdischen Lebens in Ost- und Mitteleuropa
Selzergasse 10/5–8, 1150 Wien
office@centropa.org

Einrichtungen jüdischen Lebens in Wien

Glossar

Beit Midrasch Lehrhaus

Bima Lesepult in der Synagoge, von dem aus die Toralesung erfolgt

Chanukka Lichterfest

Chanukka-Leuchter Leuchter mit acht Brennstellen und einer zusätzlichen, *Schammasch* (Diener) genannten, die zum Entzünden der anderen dient

Chassidismus Mystische Bewegung, die seit dem 18. Jahrhundert vorwiegend in Osteuropa an Bedeutung gewann

Chevra Kadischa Bezeichnung für eine Bestattungsgesellschaft (wörtlich *heilige Gesellschaft*)

Gesera Mit diesem Wort wird die Vertreibung und Ermordung der Juden Wiens 1420/21 bezeichnet. Als zweite Wiener Gesera gilt die Vertreibung von 1670.

Haskala Bewegung der jüdischen Aufklärung im 18. Jahrhundert mit Moses Mendelssohn als ihr wichtigster Vertreter

Holocaust Wörtlich *Brandopfer*; der Begriff bezeichnet die systematisch durchgeführte Ermordung von etwa 6 Millionen Juden zur Zeit des Nationalsozialismus.

Jeschiwa Talmudhochschule

Jom Kippur Versöhnungsfest; der höchste jüdische Feiertag im Jahr, ein strenger Fasttag

koscher im engeren Sinn rituell reine Speisen

Menora siebenarmiger Leuchter, der zu den Tempelgeräten gehörte und deswegen zum Symbol des Judentums und des Staats Israel wurde

Midrasch Lehre

Misrachi religiöse zionistische Bewegung

Pessach Fest zur Erinnerung an den Auszug der Israeliten aus Ägypten

Rimmonim Thoraaufsätze

Schabbat siebter Tag der Woche, ein absoluter Ruhetag

Shoah Wörtlich *Vernichtung*; das Wort ist in der jüdischen Welt der gebräuchlichere Ausdruck für den Holocaust.

Talmud Sammlung von rabbinischen Gesetzes- und Erzählstoffen, welche um die Mitte des 6. Jahrhunderts unserer Zeitrechnung abgeschlossen wurde.

Thora die fünf Bücher Mose

Thoraschrein Aufbewahrungsort der Thora an der Ostwand einer Synagoge

Zionismus politische Bewegung, entstanden in der zweiten Hälfte des 19. Jahrhunderts, die sich für das Recht von Juden auf einen eigenen Staat engagierte. Der Begriff drückt die Sehnsucht nach der Rückkehr ins Heilige Land aus: Der Name *Zion* bezeichnete ursprünglich einen Hügel in Jerusalem und wurde später auf die ganze Stadt übertragen.

Personenregister

Abbildungsverzeichnis

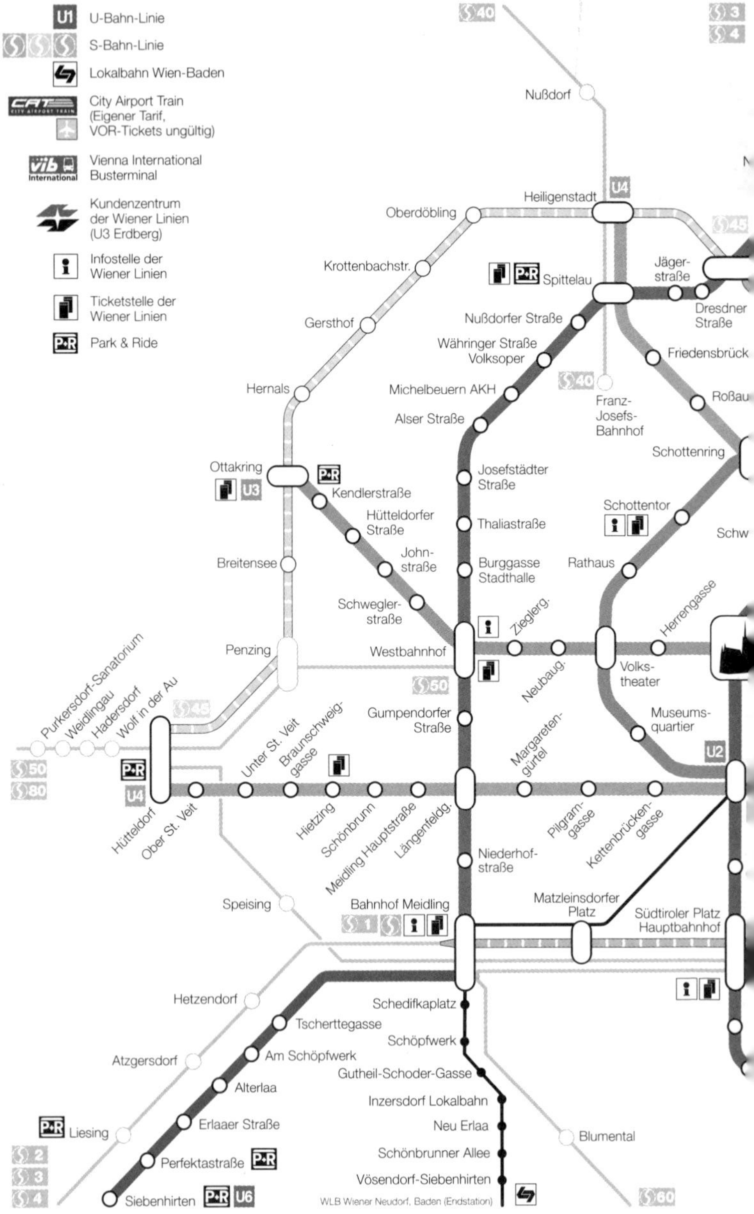
U1 U-Bahn-Linie
S-Bahn-Linie
Lokalbahn Wien-Baden
City Airport Train (Eigener Tarif, VOR-Tickets ungültig)
Vienna International Busterminal
Kundenzentrum der Wiener Linien (U3 Erdberg)
Infostelle der Wiener Linien
Ticketstelle der Wiener Linien
P+R Park & Ride
S40
S3
S4
Nußdorf
Heiligenstadt
U4
Oberdöbling
S45
Krottenbachstr.
Spittelau
Jägerstraße
Dresdner Straße
Gersthof
Nußdorfer Straße
Währinger Straße Volksoper
Friedensbrück
Hernals
Michelbeuern AKH
Franz-Josefs-Bahnhof
Roßau
Alser Straße
Schottenring
Ottakring
U3
Kendlerstraße
Josefstädter Straße
Hütteldorfer Straße
Thaliastraße
Schottentor
Schw
Breitensee
Johnstraße
Burggasse Stadthalle
Rathaus
Schweglerstraße
Zieglerg.
Herrengasse
Penzing
Westbahnhof
Volkstheater
Neubaug.
S50
Purkersdorf-Sanatorium
Weidlingau
Hadersdorf
Wolf in der Au
Gumpendorfer Straße
Museumsquartier
Unter St. Veit
Braunschweiggasse
Margaretengürtel
U2
S80
Hütteldorf
Ober St. Veit
Hietzing
Schönbrunn
Meidling Hauptstraße
Längenfeldg.
Pilgramgasse
Kettenbrückengasse
Niederhofstraße
Speising
Bahnhof Meidling
S1
Matzleinsdorfer Platz
Südtiroler Platz Hauptbahnhof
Hetzendorf
Schedifkaplatz
Tscherttegasse
Schöpfwerk
Atzgersdorf
Am Schöpfwerk
Gutheil-Schoder-Gasse
Alterlaa
Inzersdorf Lokalbahn
Liesing
Erlaaer Straße
Neu Erlaa
Blumental
S2
Perfektastraße
Schönbrunner Allee
Vösendorf-Siebenhirten
Siebenhirten
U6
S60
WLB Wiener Neudorf, Baden (Endstation)

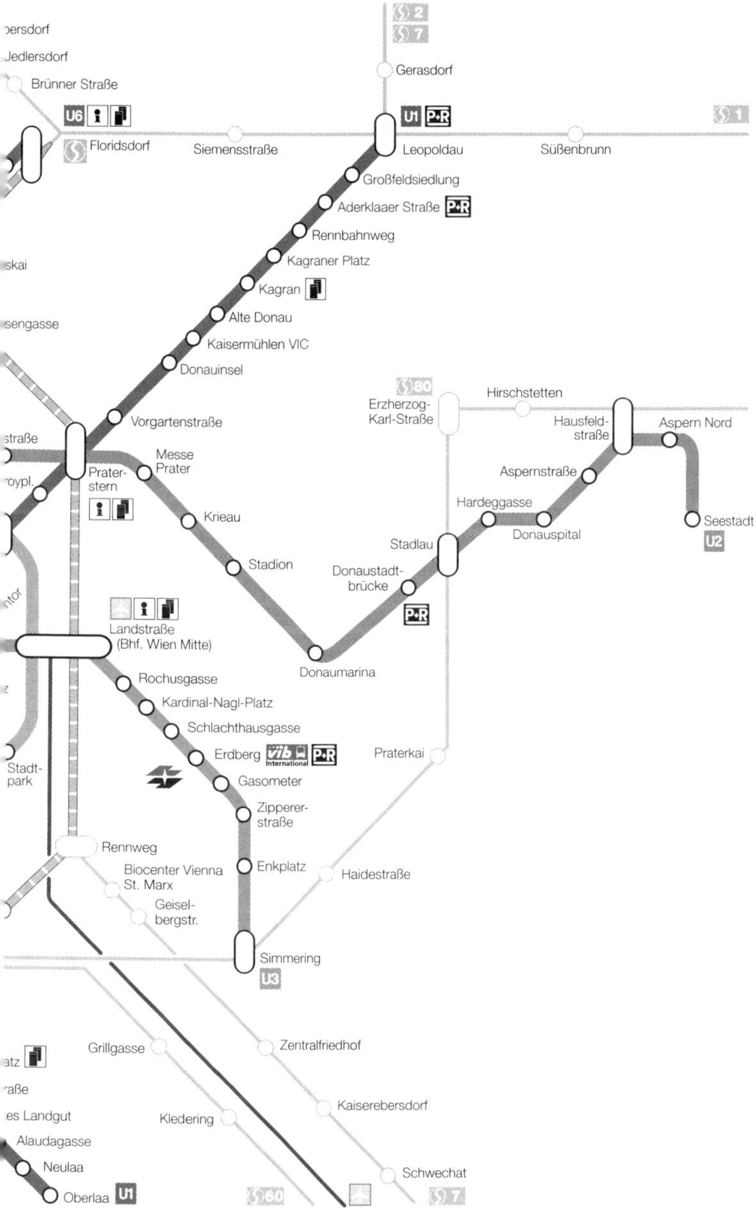

S 2
S 7
Gerasdorf
Brünner Straße
U6
Floridsdorf
Siemensstraße
U1
P+R
Leopoldau
Süßenbrunn
S 1
Großfeldsiedlung
Aderklaaer Straße
Rennbahnweg
Kagraner Platz
Kagran
Alte Donau
Kaisermühlen VIC
Donauinsel
Vorgartenstraße
S 80
Erzherzog-Karl-Straße
Hirschstetten
Hausfeld-straße
Aspern Nord
Messe Prater
Prater-stern
Aspernstraße
Krieau
Hardeggasse
Donauspital
Seestadt
U2
Stadlau
Stadion
Donaustadt-brücke
Landstraße (Bhf. Wien Mitte)
Donaumarina
Rochusgasse
Kardinal-Nagl-Platz
Schlachthausgasse
Erdberg
vib International
Praterkai
Stadt-park
Gasometer
Zipperer-straße
Rennweg
Enkplatz
Haidestraße
Biocenter Vienna St. Marx
Geisel-bergstr.
Simmering
U3
Grillgasse
Zentralfriedhof
Kaiserebersdorf
Kledering
Alaudagasse
Neulaa
Schwechat
Oberlaa
U1
S 60
S 7